T&P BOOKS

ENGELS
WOORDENSCHAT

THEMATISCHE WOORDENLIJST

NEDERLANDS
ENGELS

De meest bruikbare woorden
Om uw woordenschat uit te breiden en
uw taalvaardigheid aan te scherpen

7000 woorden

Thematische woordenschat Nederlands-Amerikaans-Engels - 7000 woorden

Door Andrey Taranov

Woordenlijsten van T&P Books zijn bedoeld om u woorden van een vreemde taal te helpen leren, onthouden, en bestudering. Dit woordenboek is ingedeeld in thema's en behandelt alle belangrijk terreinen van het dagelijkse leven, bedrijven, wetenschap, cultuur, etc.

Het proces van het leren van woorden met behulp van de op thema's gebaseerde aanpak van T&P Books biedt u de volgende voordelen:

- Correct gegroepeerde informatie is bepalend voor succes bij opeenvolgende stadia van het leren van woorden
- De beschikbaarheid van woorden die van dezelfde stam zijn maakt het mogelijk om woordgroepen te onthouden (in plaats van losse woorden)
- Kleine groepen van woorden faciliteren het proces van het aanmaken van associatieve verbindingen, die nodig zijn bij het consolideren van de woordenschat
- Het niveau van talenkennis kan worden ingeschat door het aantal geleerde woorden

T&P Books Publishing
www.tpbooks.com

ISBN: 978-1-78492-299-3

Dit boek is ook beschikbaar in e-boek formaat.
Gelieve www.tpbooks.com te bezoeken of de belangrijkste online boekwinkels.

AMERIKAANS-ENGELSE WOORDENSCHAT
nieuwe woorden leren

T&P Books woordenlijsten zijn bedoeld om u te helpen vreemde woorden te leren, te onthouden, en te bestuderen. De woordenschat bevat meer dan 7000 veel gebruikte woorden die thematisch geordend zijn.

* De woordenlijst bevat de meest gebruikte woorden
* Aanbevolen als aanvulling bij welke taalcursus dan ook
* Voldoet aan de behoeften van de beginnende en gevorderde student in vreemde talen
* Geschikt voor dagelijks gebruik, bestudering en zelftestactiviteiten
* Maakt het mogelijk om uw woordenschat te evalueren

Bijzondere kenmerken van de woordenschat

* De woorden zijn gerangschikt naar hun betekenis, niet volgens alfabet
* De woorden worden weergegeven in drie kolommen om bestudering en zelftesten te vergemakkelijken
* Woorden in groepen worden verdeeld in kleine blokken om het leerproces te vergemakkelijken
* De woordenschat biedt een handige en eenvoudige beschrijving van elk buitenlands woord

De woordenschat bevat 198 onderwerpen zoals:

Basisconcepten, getallen, kleuren, maanden, seizoenen, meeteenheden, kleding en accessoires, eten & voeding, restaurant, familieleden, verwanten, karakter, gevoelens, emoties, ziekten, stad, dorp, bezienswaardigheden, winkelen, geld, huis, thuis, kantoor, werken op kantoor, import & export, marketing, werk zoeken, sport, onderwijs, computer, internet, gereedschap, natuur, landen, nationaliteiten en meer ...

INHOUDSOPGAVE

UITSPRAAKGIDS

Letter	Engels voorbeeld	T&P fonetisch alfabet	Nederlands voorbeeld

Klinkers

a	age	[eɪ]	Azerbeidzjan
a	bag	[æ]	Nederlands Nedersaksisch - dät, Engels - cat
a	car	[ɑ:]	maart
a	care	[ee]	alinea
e	meat	[i:]	team, portier
e	pen	[e]	delen, spreken
e	verb	[ɜ]	als in urn
e	here	[ɪə]	België, Australië
i	life	[aj]	byte, majoor
i	sick	[ɪ]	iemand, die
i	girl	[ø]	neus, beu
i	fire	[ajə]	bajonet
o	rose	[ɵʊ]	snowboard
o	shop	[ɒ]	Fries - 'hanne'
o	sport	[ɔ:]	rood, knoop
o	ore	[ɔ:]	rood, knoop
u	to include	[u:]	fuut, uur
u	sun	[ʌ]	acht
u	church	[ɜ]	als in urn
u	pure	[ʊə]	werken, grondwet
y	to cry	[aj]	byte, majoor
y	system	[ɪ]	iemand, die
y	Lyre	[ajə]	bajonet
y	party	[ɪ]	iemand, die

Medeklinkers

b	bar	[b]	hebben
c	city	[s]	spreken, kosten
c	clay	[k]	kennen, kleur
d	day	[d]	Dank u, honderd
f	face	[f]	feestdag, informeren
g	geography	[dʒ]	jeans, jungle
g	glue	[g]	goal, tango
h	home	[h]	het, herhalen
j	joke	[dʒ]	jeans, jungle

Letter	Engels voorbeeld	T&P fonetisch alfabet	Nederlands voorbeeld
k	king	[k]	kennen, kleur
l	love	[l]	delen, luchter
m	milk	[m]	morgen, etmaal
n	nose	[n]	nemen, zonder
p	pencil	[p]	parallel, koper
q	queen	[k]	kennen, kleur
r	rose	[r]	roepen, breken
s	sleep	[s]	spreken, kosten
s	please	[z]	zeven, zesde
s	pleasure	[ʒ]	journalist, rouge
t	table	[t]	tomaat, taart
v	velvet	[v]	beloven, schrijven
w	winter	[w]	twee, willen
x	ox	[ks]	links, maximaal
x	exam	[gz]	[g] als in goal + [z]
z	azure	[ʒ]	journalist, rouge
z	zebra	[z]	zeven, zesde

Lettercombinaties

ch	China	[tʃ]	Tsjechië, cello
ch	chemistry	[k]	kennen, kleur
ch	machine	[ʃ]	shampoo, machine
sh	ship	[ʃ]	shampoo, machine
th	weather	[ð]	Stemhebbende dentaal, Engels - there
th	tooth	[θ]	Stemloze dentaal, Engels - thank you
ph	telephone	[f]	feestdag, informeren
ck	black	[k]	kennen, kleur
ng	ring	[n]	optelling, jongeman
ng	English	[ŋ]	optelling, jongeman
wh	white	[w]	twee, willen
wh	whole	[h]	het, herhalen
wr	wrong	[r]	roepen, breken
gh	enough	[f]	feestdag, informeren
gh	sign	[n]	nemen, zonder
kn	knife	[n]	nemen, zonder
qu	question	[kv]	kwaliteit, Ecuador
tch	catch	[tʃ]	Tsjechië, cello
oo+k	book	[ʊ]	hoed, doe
oo+r	door	[ɔ:]	rood, knoop
ee	tree	[i:]	team, portier
ou	house	[aʊ]	blauw
ou+r	our	[aʊə]	blauwe
ay	today	[eɪ]	Azerbeidzjan
ey	they	[eɪ]	Azerbeidzjan

AFKORTINGEN
gebruikt in de woordenschat

Nederlandse afkortingen

mann.	-	mannelijk
vrouw.	-	vrouwelijk
mv.	-	meervoud
on.ww.	-	onovergankelijk werkwoord
ov.ww.	-	overgankelijk werkwoord
bn	-	bijvoeglijk naamwoord
bw	-	bijwoord
abn	-	als bijvoeglijk naamwoord
bijv.	-	bijvoorbeeld
enz.	-	enzovoort
wisk.	-	wiskunde
enk.	-	enkelvoud
ov.	-	over
mil.	-	militair
vn	-	voornaamwoord
telb.	-	telbaar
form.	-	formele taal
ontelb.	-	ontelbaar
inform.	-	informele taal
vw	-	voegwoord
vz	-	voorzetsel
ww	-	werkwoord

Nederlandse artikelen

de	-	gemeenschappelijk geslacht
het	-	onzijdig
de/het	-	onzijdig, gemeenschappelijk geslacht

Engelse afkortingen

v aux	-	hulp werkwoord
vi	-	onovergankelijk werkwoord
vi, vt	-	onovergankelijk, overgankelijk werkwoord
vt	-	overgankelijk werkwoord

BASISBEGRIPPEN

Basisbegrippen Deel 1

1. Voornaamwoorden

ik	I, me	[aɪ], [miː]
jij, je	you	[juː]
hij	he	[hiː]
zij, ze	she	[ʃiː]
het	it	[ɪt]
wij, we	we	[wiː]
jullie	you	[juː]
zij, ze	they	[ðeɪ]

2. Begroetingen. Begroetingen. Afscheid

Hallo! Dag!	Hello!	[hə'ləʊ]
Hallo!	Hello!	[hə'ləʊ]
Goedemorgen!	Good morning!	[gʊd 'mɔːnɪŋ]
Goedemiddag!	Good afternoon!	[gʊd ˌɑːftə'nuːn]
Goedenavond!	Good evening!	[gʊd 'iːvnɪŋ]
gedag zeggen (groeten)	to say hello	[tə seɪ hə'ləʊ]
Hoi!	Hi!	[haɪ]
groeten (het)	greeting	['griːtɪŋ]
verwelkomen (ww)	to greet (vt)	[tə griːt]
Hoe gaat het?	How are you?	[ˌhaʊ ə 'juː]
Is er nog nieuws?	What's new?	[ˌwɒts 'njuː]
Dag! Tot ziens!	Bye-Bye! Goodbye!	[baɪ-baɪ], [gʊd'baɪ]
Tot snel! Tot ziens!	See you soon!	['siː ju ˌsuːn]
afscheid nemen (ww)	to say goodbye	[tə seɪ gʊd'baɪ]
Tot kijk!	So long!	[ˌsəʊ 'lɒŋ]
Dank u!	Thank you!	['θæŋk juː]
Dank u wel!	Thank you very much!	['θæŋk ju 'veri mʌtʃ]
Graag gedaan	You're welcome.	[juɑː 'welkəm]
Geen dank!	Don't mention it!	[ˌdəʊnt 'menʃən ɪt]
Excuseer me, ...	Excuse me, ...	[ɪk'skjuːz miː]
excuseren (verontschuldigen)	to excuse (vt)	[tə ɪk'skjuːz]
zich verontschuldigen	to apologize (vi)	[tə ə'pɒlədʒaɪz]
Mijn excuses.	My apologies.	[maɪ ə'pɒlədʒɪz]

Het spijt me!	I'm sorry!	[aɪm 'sɒrɪ]
Maakt niet uit!	It's okay!	[ɪts ˌəʊ'keɪ]
alsjeblieft	please	[pli:z]

Vergeet het niet!	Don't forget!	[ˌdəʊnt fə'get]
Natuurlijk!	Certainly!	['sɜːtənlɪ]
Natuurlijk niet!	Of course not!	[əv ˌkɔːs 'nɒt]
Akkoord!	Okay!	[ˌəʊ'keɪ]
Zo is het genoeg!	That's enough!	[ðæts ɪ'nʌf]

3. Kardinale getallen. Deel 1

nul	zero	['zɪərəʊ]
een	one	[wʌn]
twee	two	[tu:]
drie	three	[θri:]
vier	four	[fɔ:(r)]

vijf	five	[faɪv]
zes	six	[sɪks]
zeven	seven	['sevən]
acht	eight	[eɪt]
negen	nine	[naɪn]

tien	ten	[ten]
elf	eleven	[ɪ'levən]
twaalf	twelve	[twelv]
dertien	thirteen	[ˌθɜː'ti:n]
veertien	fourteen	[ˌfɔ:'ti:n]

vijftien	fifteen	[fɪf'ti:n]
zestien	sixteen	[sɪks'ti:n]
zeventien	seventeen	[ˌsevən'ti:n]
achttien	eighteen	[ˌeɪ'ti:n]
negentien	nineteen	[ˌnaɪn'ti:n]

twintig	twenty	['twentɪ]
eenentwintig	twenty-one	['twentɪ ˌwʌn]
tweeëntwintig	twenty-two	['twentɪ ˌtu:]
drieëntwintig	twenty-three	['twentɪ ˌθri:]

dertig	thirty	['θɜːtɪ]
eenendertig	thirty-one	['θɜːtɪ ˌwʌn]
tweeëndertig	thirty-two	['θɜːtɪ ˌtu:]
drieëndertig	thirty-three	['θɜːtɪ ˌθri:]

veertig	forty	['fɔ:tɪ]
eenenveertig	forty-one	['fɔ:tɪˌwʌn]
tweeënveertig	forty-two	['fɔ:tɪˌtu:]
drieënveertig	forty-three	['fɔ:tɪˌθri:]

vijftig	fifty	['fɪftɪ]
eenenvijftig	fifty-one	['fɪftɪ ˌwʌn]
tweeënvijftig	fifty-two	['fɪftɪ ˌtu:]

drieënvijftig	fifty-three	['fɪftɪ ˌθri:]
zestig	sixty	['sɪkstɪ]
eenenzestig	sixty-one	['sɪkstɪ ˌwʌn]
tweeënzestig	sixty-two	['sɪkstɪ ˌtu:]
drieënzestig	sixty-three	['sɪkstɪ ˌθri:]

zeventig	seventy	['sevəntɪ]
eenenzeventig	seventy-one	['sevəntɪ ˌwʌn]
tweeënzeventig	seventy-two	['sevəntɪ ˌtu:]
drieënzeventig	seventy-three	['sevəntɪ ˌθri:]

tachtig	eighty	['eɪtɪ]
eenentachtig	eighty-one	['eɪtɪ ˌwʌn]
tweeëntachtig	eighty-two	['eɪtɪ ˌtu:]
drieëntachtig	eighty-three	['eɪtɪ ˌθri:]

negentig	ninety	['naɪntɪ]
eenennegentig	ninety-one	['naɪntɪ ˌwʌn]
tweeënnegentig	ninety-two	['naɪntɪ ˌtu:]
drieënnegentig	ninety-three	['naɪntɪ ˌθri:]

4. Kardinale getallen. Deel 2

honderd	one hundred	[ˌwʌn 'hʌndrəd]
tweehonderd	two hundred	[tu 'hʌndrəd]
driehonderd	three hundred	[θri: 'hʌndrəd]
vierhonderd	four hundred	[ˌfɔ: 'hʌndrəd]
vijfhonderd	five hundred	[ˌfaɪv 'hʌndrəd]

zeshonderd	six hundred	[sɪks 'hʌndrəd]
zevenhonderd	seven hundred	['sevən 'hʌndrəd]
achthonderd	eight hundred	[eɪt 'hʌndrəd]
negenhonderd	nine hundred	[ˌnaɪn 'hʌndrəd]

duizend	one thousand	[ˌwʌn 'θaʊzənd]
tweeduizend	two thousand	[tu 'θaʊzənd]
drieduizend	three thousand	[θri: 'θaʊzənd]
tienduizend	ten thousand	[ten 'θaʊzənd]
honderdduizend	one hundred thousand	[ˌwʌn 'hʌndrəd 'θaʊzənd]
miljoen (het)	million	['mɪljən]
miljard (het)	billion	['bɪljən]

5. Getallen. Breuken

breukgetal (het)	fraction	['frækʃən]
half	one half	[ˌwʌn 'hɑ:f]
een derde	one third	[wʌn θɜ:d]
kwart	one quarter	[wʌn 'kwɔ:tə(r)]
een achtste	one eighth	[wʌn 'eɪtθ]
een tiende	one tenth	[wʌn tenθ]
twee derde	two thirds	[tu θɜ:dz]
driekwart	three quarters	[θri: 'kwɔ:təz]

6. Getallen. Eenvoudige berekeningen

aftrekking (de)	subtraction	[səb'trækʃən]
aftrekken (ww)	to subtract (vi, vt)	[tə səb'trækt]
deling (de)	division	[dɪ'vɪʒən]
delen (ww)	to divide (vt)	[tə dɪ'vaɪd]
optelling (de)	addition	[ə'dɪʃən]
erbij optellen	to add up (vt)	[tə æd 'ʌp]
(bij elkaar voegen)		
optellen (ww)	to add (vi, vt)	[tə æd]
vermenigvuldiging (de)	multiplication	[ˌmʌltɪplɪ'keɪʃən]
vermenigvuldigen (ww)	to multiply (vt)	[tə 'mʌltɪplaɪ]

7. Getallen. Diversen

cijfer (het)	figure	['fɪgjə]
nummer (het)	number	['nʌmbə(r)]
telwoord (het)	numeral	['nju:mərəl]
minteken (het)	minus sign	['maɪnəs saɪn]
plusteken (het)	plus sign	[plʌs saɪn]
formule (de)	formula	['fɔ:mjʊlə]
berekening (de)	calculation	[ˌkælkjʊ'leɪʃən]
tellen (ww)	to count (vi, vt)	[tə kaʊnt]
vergelijken (ww)	to compare (vt)	[tə kəm'peə(r)]
Hoeveel? (ontelb.)	How much?	[ˌhaʊ 'mʌtʃ]
Hoeveel? (telb.)	How many?	[ˌhaʊ 'menɪ]
som (de), totaal (het)	sum, total	[sʌm], ['təʊtəl]
uitkomst (de)	result	[rɪ'zʌlt]
rest (de)	remainder	[rɪ'meɪndə(r)]
enkele (bijv. ~ minuten)	a few ...	[ə fju:]
weinig (bw)	little	['lɪtəl]
restant (het)	the rest	[ðə rest]
anderhalf	one and a half	['wʌn ənd ə ˌhɑ:f]
dozijn (het)	dozen	['dʌzən]
middendoor (bw)	in half	[ɪn 'hɑ:f]
even (bw)	equally	['i:kwəlɪ]
helft (de)	half	[hɑ:f]
keer (de)	time	[taɪm]

8. De belangrijkste werkwoorden. Deel 1

aanbevelen (ww)	to recommend (vt)	[tə ˌrekə'mend]
aandringen (ww)	to insist (vi, vt)	[tə ɪn'sɪst]
aankomen (per auto, enz.)	to arrive (vi)	[tə ə'raɪv]
aanraken (ww)	to touch (vt)	[tə tʌtʃ]
adviseren (ww)	to advise (vt)	[tə əd'vaɪz]

afdalen (on.ww.)	to come down	[tə kʌm daʊn]
afslaan (naar rechts ~)	to turn (vi)	[tə tɜːn]
antwoorden (ww)	to answer (vi, vt)	[tə 'ɑːnsə(r)]
bang zijn (ww)	to be afraid	[tə bi ə'freɪd]
bedreigen (bijv. met een pistool)	to threaten (vt)	[tə 'θretən]

bedriegen (ww)	to deceive (vi, vt)	[tə dɪ'siːv]
beëindigen (ww)	to finish (vt)	[tə 'fɪnɪʃ]
beginnen (ww)	to begin (vt)	[tə bɪ'gɪn]
begrijpen (ww)	to understand (vt)	[tə‚ʌndə'stænd]
beheren (managen)	to run, to manage	[tə rʌn], [tə 'mænɪdʒ]

beledigen (met scheldwoorden)	to insult (vt)	[tə ɪn'sʌlt]

beloven (ww)	to promise (vt)	[tə 'prɒmɪs]
bereiden (koken)	to cook (vt)	[tə kʊk]
bespreken (spreken over)	to discuss (vt)	[tə dɪs'kʌs]

bestellen (eten ~)	to order (vt)	[tə 'ɔːdə(r)]
bestraffen (een stout kind ~)	to punish (vt)	[tə 'pʌnɪʃ]
betalen (ww)	to pay (vi, vt)	[tə peɪ]
betekenen (beduiden)	to mean (vt)	[tə miːn]
betreuren (ww)	to regret (vi)	[tə rɪ'gret]

bevallen (prettig vinden)	to like (vt)	[tə laɪk]
bevelen (mil.)	to order (vi, vt)	[tə 'ɔːdə(r)]
bevrijden (stad, enz.)	to liberate (vt)	[tə 'lɪbəreɪt]
bewaren (ww)	to keep (vt)	[tə kiːp]
bezitten (ww)	to own (vt)	[tə əʊn]

bidden (praten met God)	to pray (vi, vt)	[tə preɪ]
binnengaan (een kamer ~)	to enter (vt)	[tə 'entə(r)]
breken (ww)	to break (vt)	[tə breɪk]
controleren (ww)	to control (vt)	[tə kən'trəʊl]
creëren (ww)	to create (vt)	[tə kriː'eɪt]

deelnemen (ww)	to participate (vi)	[tə pɑː'tɪsɪpeɪt]
denken (ww)	to think (vi, vt)	[tə θɪŋk]
doden (ww)	to kill (vt)	[tə kɪl]
doen (ww)	to do (vt)	[tə duː]
dorst hebben (ww)	to be thirsty	[tə bi 'θɜːstɪ]

9. De belangrijkste werkwoorden. Deel 2

een hint geven	to give a hint	[tə gɪv ə hɪnt]
eisen (met klem vragen)	to demand (vt)	[tə dɪ'mɑːnd]
excuseren (vergeven)	to excuse (vt)	[tə ɪk'skjuːz]
existeren (bestaan)	to exist (vi)	[tə ɪg'zɪst]
gaan (te voet)	to go (vi)	[tə gəʊ]

gaan zitten (ww)	to sit down (vi)	[tə sɪt daʊn]
gaan zwemmen	to go for a swim	[tə gəʊ fərə swɪm]
geven (ww)	to give (vt)	[tə gɪv]

glimlachen (ww)	to smile (vi)	[tə smaɪl]
goed raden (ww)	to guess (vt)	[tə ges]
grappen maken (ww)	to joke (vi)	[tə dʒəʊk]
graven (ww)	to dig (vt)	[tə dɪg]
hebben (ww)	to have (vt)	[tə hæv]
helpen (ww)	to help (vt)	[tə help]
herhalen (opnieuw zeggen)	to repeat (vt)	[tə rɪ'piːt]
honger hebben (ww)	to be hungry	[tə bi 'hʌŋgrɪ]
hopen (ww)	to hope (vi, vt)	[tə həʊp]
horen	to hear (vt)	[tə hɪə(r)]
(waarnemen met het oor)		
huilen (wenen)	to cry (vi)	[tə kraɪ]
huren (huis, kamer)	to rent (vt)	[tə rent]
informeren (informatie geven)	to inform (vt)	[tə ɪn'fɔːm]
instemmen (akkoord gaan)	to agree (vi)	[tə ə'griː]
jagen (ww)	to hunt (vi, vt)	[tə hʌnt]
kennen (kennis hebben	to know (vt)	[tə nəʊ]
van iemand)		
kiezen (ww)	to choose (vt)	[tə tʃuːz]
klagen (ww)	to complain (vi, vt)	[tə kəm'pleɪn]
kosten (ww)	to cost (vt)	[tə kɒst]
kunnen (ww)	can (v aux)	[kæn]
lachen (ww)	to laugh (vi)	[tə lɑːf]
laten vallen (ww)	to drop (vt)	[tə drɒp]
lezen (ww)	to read (vi, vt)	[tə riːd]
liefhebben (ww)	to love (vt)	[tə lʌv]
lunchen (ww)	to have lunch	[tə hæv lʌntʃ]
nemen (ww)	to take (vt)	[tə teɪk]
nodig zijn (ww)	to be needed	[tə bi 'niːdɪd]

10. De belangrijkste werkwoorden. Deel 3

onderschatten (ww)	to underestimate (vt)	[tə ˌʌndə'restɪmeɪt]
ondertekenen (ww)	to sign (vt)	[tə saɪn]
ontbijten (ww)	to have breakfast	[tə hæv 'brekfəst]
openen (ww)	to open (vt)	[tə 'əʊpən]
ophouden (ww)	to stop (vt)	[tə stɒp]
opmerken (zien)	to notice (vt)	[tə 'nəʊtɪs]
opscheppen (ww)	to boast (vi)	[tə bəʊst]
opschrijven (ww)	to write down	[tə ˌraɪt 'daʊn]
plannen (ww)	to plan (vt)	[tə plæn]
prefereren (verkiezen)	to prefer (vt)	[tə prɪ'fɜː(r)]
proberen (trachten)	to try (vt)	[tə traɪ]
redden (ww)	to save, to rescue	[tə seɪv], [tə 'reskjuː]
rekenen op ...	to count on ...	[tə kaʊnt ɒn]
rennen (ww)	to run (vi)	[tə rʌn]

reserveren (een hotelkamer ~)	to reserve, to book	[tə rɪ'zɜ:v], [tə bʊk]
roepen (om hulp)	to call (vt)	[tə kɔ:l]
schieten (ww)	to shoot (vi)	[tə ʃu:t]
schreeuwen (ww)	to shout (vi)	[tə ʃaʊt]

schrijven (ww)	to write (vt)	[tə raɪt]
souperen (ww)	to have dinner	[tə hæv 'dɪnə(r)]
spelen (kinderen)	to play (vi)	[tə pleɪ]
spreken (ww)	to speak (vi, vt)	[tə spi:k]
stelen (ww)	to steal (vt)	[tə sti:l]
stoppen (pauzeren)	to stop (vi)	[tə stɒp]

studeren (Nederlands ~)	to study (vt)	[tə 'stʌdɪ]
sturen (zenden)	to send (vt)	[tə send]
tellen (optellen)	to count (vt)	[tə kaʊnt]
toebehoren ...	to belong to ...	[tə bɪ'lɒŋ tu:]
toestaan (ww)	to permit (vt)	[tə pə'mɪt]
tonen (ww)	to show (vt)	[tə ʃəʊ]

twijfelen (onzeker zijn)	to doubt (vi)	[tə daʊt]
uitgaan (ww)	to go out	[tə gəʊ aʊt]
uitnodigen (ww)	to invite (vt)	[tə ɪn'vaɪt]
uitspreken (ww)	to pronounce (vt)	[tə prə'naʊns]
uitvaren tegen (ww)	to scold (vt)	[tə skəʊld]

11. De belangrijkste werkwoorden. Deel 4

vallen (ww)	to fall (vi)	[tə fɔ:l]
vangen (ww)	to catch (vt)	[tə kætʃ]
veranderen (anders maken)	to change (vt)	[tə tʃeɪndʒ]
verbaasd zijn (ww)	to be surprised	[tə bi sə'praɪzd]
verbergen (ww)	to hide (vt)	[tə haɪd]

verdedigen (je land ~)	to defend (vt)	[tə dɪ'fend]
verenigen (ww)	to unite (vt)	[tə ju:'naɪt]
vergelijken (ww)	to compare (vt)	[tə kəm'peə(r)]
vergeten (ww)	to forget (vi, vt)	[tə fə'get]
vergeven (ww)	to forgive (vt)	[tə fə'gɪv]

verklaren (uitleggen)	to explain (vt)	[tə ɪk'spleɪn]
verkopen (per stuk ~)	to sell (vt)	[tə sel]
vermelden (praten over)	to mention (vt)	[tə 'menʃən]
versieren (decoreren)	to decorate (vt)	[tə 'dekəreɪt]
vertalen (ww)	to translate (vt)	[tə træns'leɪt]

vertrouwen (ww)	to trust (vt)	[tə trʌst]
vervolgen (ww)	to continue (vt)	[tə kən'tɪnju:]
verwarren (met elkaar ~)	to confuse, to mix up (vt)	[tə kən'fju:z], [tə mɪks ʌp]
verzoeken (ww)	to ask (vt)	[tə ɑ:sk]
verzuimen (school, enz.)	to miss (vt)	[tə mɪs]

vinden (ww)	to find (vt)	[tə faɪnd]
vliegen (ww)	to fly (vi)	[tə flaɪ]

volgen (ww)	to follow ...	[tə 'fɒləʊ]
voorstellen (ww)	to propose (vt)	[tə prə'pəʊz]
voorzien (verwachten)	to expect (vt)	[tə ɪk'spekt]
vragen (ww)	to ask (vt)	[tə ɑ:sk]

waarnemen (ww)	to observe (vt)	[tə əb'zɜ:v]
waarschuwen (ww)	to warn (vt)	[tə wɔ:n]
wachten (ww)	to wait (vt)	[tə weɪt]
weerspreken (ww)	to object (vi, vt)	[tə əb'dʒekt]
weigeren (ww)	to refuse (vi, vt)	[tə rɪ'fju:z]

werken (ww)	to work (vi)	[tə wɜ:k]
weten (ww)	to know (vt)	[tə nəʊ]
willen (verlangen)	to want (vt)	[tə wɒnt]
zeggen (ww)	to say (vt)	[tə seɪ]
zich haasten (ww)	to hurry (vi)	[tə 'hʌrɪ]

zich interesseren voor ...	to be interested in ...	[tə bi 'ɪntrestɪd ɪn]
zich vergissen (ww)	to make a mistake	[tə meɪk ə mɪ'steɪk]
zien (ww)	to see (vt)	[tə si:]

zijn (ww)	to be (vi)	[tə bi:]
zoeken (ww)	to look for ...	[tə lʊk fɔ:(r)]
zwemmen (ww)	to swim (vi)	[tə swɪm]
zwijgen (ww)	to keep silent	[tə ki:p 'saɪlənt]

12. Kleuren

kleur (de)	color	['kʌlə(r)]
tint (de)	shade	[ʃeɪd]
kleurnuance (de)	hue	[hju:]
regenboog (de)	rainbow	['reɪnbəʊ]

wit (bn)	white	[waɪt]
zwart (bn)	black	[blæk]
grijs (bn)	gray	[greɪ]

groen (bn)	green	[gri:n]
geel (bn)	yellow	['jeləʊ]
rood (bn)	red	[red]

blauw (bn)	blue	[blu:]
lichtblauw (bn)	light blue	[ˌlaɪt 'blu:]
roze (bn)	pink	[pɪŋk]
oranje (bn)	orange	['ɒrɪndʒ]
violet (bn)	violet	['vaɪələt]
bruin (bn)	brown	[braʊn]

| goud (bn) | golden | ['gəʊldən] |
| zilverkleurig (bn) | silvery | ['sɪlvərɪ] |

beige (bn)	beige	[beɪʒ]
roomkleurig (bn)	cream	[kri:m]
turkoois (bn)	turquoise	['tɜ:kwɔɪz]

kersrood (bn)	cherry red	['tʃerɪ red]
lila (bn)	lilac	['laɪlək]
karmijnrood (bn)	crimson	['krɪmzən]

licht (bn)	light	[laɪt]
donker (bn)	dark	[dɑ:k]
fel (bn)	bright	[braɪt]

kleur-, kleurig (bn)	colored	['kʌləd]
kleuren- (abn)	color	['kʌlə(r)]
zwart-wit (bn)	black-and-white	[blæk ən waɪt]
eenkleurig (bn)	plain	[pleɪn]
veelkleurig (bn)	multicolored	['mʌltɪˌkʌləd]

13. Vragen

Wie?	Who?	[hu:]
Wat?	What?	[wɒt]
Waar?	Where?	[weə]
Waarheen?	Where?	[weə]
Waar ... vandaan?	From where?	[frəm weə(r)]
Wanneer?	When?	[wen]
Waarom?	Why?	[waɪ]

Waarvoor dan ook?	What for?	[wɒt fɔ:(r)]
Hoe?	How?	[haʊ]
Welk?	Which?	[wɪtʃ]

Aan wie?	To whom?	[tə hu:m]
Over wie?	About whom?	[ə'baʊt ˌhu:m]
Waarover?	About what?	[ə'baʊt ˌwɒt]
Met wie?	With whom?	[wɪð 'hu:m]

Hoeveel? (telb.)	How many?	[ˌhaʊ 'menɪ]
Hoeveel? (ontelb.)	How much?	[ˌhaʊ 'mʌtʃ]
Van wie?	Whose?	[hu:z]

14. Functiewoorden. Bijwoorden. Deel 1

Waar?	Where?	[weə]
hier (bw)	here	[hɪə(r)]
daar (bw)	there	[ðeə(r)]

| ergens (bw) | somewhere | ['sʌmweə(r)] |
| nergens (bw) | nowhere | ['nəʊweə(r)] |

| bij ... (in de buurt) | by | [baɪ] |
| bij het raam | by the window | [baɪ ðə 'wɪndəʊ] |

Waarheen?	Where?	[weə]
hierheen (bw)	here	[hɪə(r)]
daarheen (bw)	there	[ðeə(r)]

hiervandaan (bw)	from here	[frɒm hɪə(r)]
daarvandaan (bw)	from there	[frɒm ðeə(r)]
dichtbij (bw)	close	[kləʊs]
ver (bw)	far	[fɑː(r)]
niet ver (bw)	not far	[nɒt fɑː(r)]
linker (bn)	left	[left]
links (bw)	on the left	[ɒn ðə left]
linksaf, naar links (bw)	to the left	[tə ðə left]
rechter (bn)	right	[raɪt]
rechts (bw)	on the right	[ɒn ðə raɪt]
rechtsaf, naar rechts (bw)	to the right	[tə ðə raɪt]
vooraan (bw)	in front	[ɪn frʌnt]
voorste (bn)	front	[frʌnt]
vooruit (bw)	ahead	[ə'hed]
achter (bw)	behind	[bɪ'haɪnd]
van achteren (bw)	from behind	[frɒm bɪ'haɪnd]
achteruit (naar achteren)	back	[bæk]
midden (het)	middle	['mɪdəl]
in het midden (bw)	in the middle	[ɪn ðə 'mɪdəl]
opzij (bw)	at the side	[ət ðə saɪd]
overal (bw)	everywhere	['evrɪweə(r)]
omheen (bw)	around	[ə'raʊnd]
binnenuit (bw)	from inside	[frɒm ɪn'saɪd]
naar ergens (bw)	somewhere	['sʌmweə(r)]
rechtdoor (bw)	straight	[streɪt]
terug (bijv. ~ komen)	back	[bæk]
ergens vandaan (bw)	from anywhere	[frɒm 'enɪweə(r)]
ergens vandaan (en dit geld moet ~ komen)	from somewhere	[frɒm 'sʌmweə(r)]
ten eerste (bw)	firstly	['fɜːstlɪ]
ten tweede (bw)	secondly	['sekəndlɪ]
ten derde (bw)	thirdly	['θɜːdlɪ]
plotseling (bw)	suddenly	['sʌdənlɪ]
in het begin (bw)	at first	[ət fɜːst]
voor de eerste keer (bw)	for the first time	[fɔː ðə 'fɜːst ˌtaɪm]
lang voor ... (bw)	long before ...	[lɒŋ bɪ'fɔː(r)]
voor eeuwig (bw)	for good	[fɔː 'gʊd]
nooit (bw)	never	['nevə(r)]
weer (bw)	again	[ə'gen]
nu (bw)	now	[naʊ]
vaak (bw)	often	['ɒfən]
toen (bw)	then	[ðen]
urgent (bw)	urgently	['ɜːdʒəntlɪ]
meestal (bw)	usually	['juːʒəlɪ]

trouwens, ... (tussen haakjes)	by the way, ...	[baɪ ðə weɪ]
mogelijk (bw)	possible	['pɒsəbəl]
waarschijnlijk (bw)	probably	['prɒbəblɪ]
misschien (bw)	maybe	['meɪbi:]
trouwens (bw)	besides ...	[bɪ'saɪdz]
daarom ...	that's why ...	[ðæts waɪ]
in weerwil van ...	in spite of ...	[ɪn 'spaɪt əv]
dankzij ...	thanks to ...	['θæŋks tu:]
wat (vn)	what	[wɒt]
dat (vw)	that	[ðæt]
iets (vn)	something	['sʌmθɪŋ]
iets	anything, something	['enɪθɪŋ], ['sʌmθɪŋ]
niets (vn)	nothing	['nʌθɪŋ]
wie (~ is daar?)	who	[hu:]
iemand (een onbekende)	someone	['sʌmwʌn]
iemand (een bepaald persoon)	somebody	['sʌmbədɪ]
niemand (vn)	nobody	['nəʊbədɪ]
nergens (bw)	nowhere	['nəʊweə(r)]
niemands (bn)	nobody's	['nəʊbədɪz]
iemands (bn)	somebody's	['sʌmbədɪz]
zo (Ik ben ~ blij)	so	[səʊ]
ook (evenals)	also	['ɔ:lsəʊ]
alsook (eveneens)	too	[tu:]

15. Functiewoorden. Bijwoorden. Deel 2

Waarom?	Why?	[waɪ]
om een bepaalde reden	for some reason	[fɔ: 'sʌm ˌri:zən]
omdat ...	because ...	[bɪ'kɒz]
en (vw)	and	[ænd]
of (vw)	or	[ɔ:(r)]
maar (vw)	but	[bʌt]
voor (vz)	for	[fɔ:r]
te (~ veel mensen)	too	[tu:]
alleen (bw)	only	['əʊnlɪ]
precies (bw)	exactly	[ɪg'zæktlɪ]
ongeveer (~ 10 kg)	about	[ə'baʊt]
omstreeks (bw)	approximately	[ə'prɒksɪmətlɪ]
bij benadering (bn)	approximate	[ə'prɒksɪmət]
bijna (bw)	almost	['ɔ:lməʊst]
rest (de)	the rest	[ðə rest]
de andere (tweede)	the other	[ðə ʌðə(r)]
ander (bn)	other	['ʌðə(r)]
elk (bn)	each	[i:tʃ]

om het even welk	any	['enɪ]
veel (telb.)	many	['menɪ]
veel (ontelb.)	much	[mʌtʃ]
veel mensen	many people	[ˌmenɪ 'pi:pəl]
iedereen (alle personen)	all	[ɔ:l]

in ruil voor ...	in return for ...	[ɪn rɪ'tɜ:n fɔ:]
in ruil (bw)	in exchange	[ɪn ɪks'tʃeɪndʒ]
met de hand (bw)	by hand	[baɪ hænd]
onwaarschijnlijk (bw)	hardly	['hɑ:dlɪ]

waarschijnlijk (bw)	probably	['prɒbəblɪ]
met opzet (bw)	on purpose	[ɒn 'pɜ:pəs]
toevallig (bw)	by accident	[baɪ 'æksɪdənt]

zeer (bw)	very	['verɪ]
bijvoorbeeld (bw)	for example	[fɔ:r ɪg'zɑ:mpəl]
tussen (~ twee steden)	between	[bɪ'twi:n]
tussen (te midden van)	among	[ə'mʌŋ]
zoveel (bw)	so much	[səu mʌtʃ]
vooral (bw)	especially	[ɪ'speʃəlɪ]

Basisbegrippen Deel 2

16. Dagen van de week

maandag (de)	Monday	['mʌndɪ]
dinsdag (de)	Tuesday	['tjuːzdɪ]
woensdag (de)	Wednesday	['wenzdɪ]
donderdag (de)	Thursday	['θɜːzdɪ]
vrijdag (de)	Friday	['fraɪdɪ]
zaterdag (de)	Saturday	['sætədɪ]
zondag (de)	Sunday	['sʌndɪ]
vandaag (bw)	today	[tə'deɪ]
morgen (bw)	tomorrow	[tə'mɒrəʊ]
overmorgen (bw)	the day after tomorrow	[ðə deɪ 'ɑːftə tə'mɒrəʊ]
gisteren (bw)	yesterday	['jestədɪ]
eergisteren (bw)	the day before yesterday	[ðə deɪ bɪ'fɔː 'jestədɪ]
dag (de)	day	[deɪ]
werkdag (de)	working day	['wɜːkɪŋ deɪ]
feestdag (de)	public holiday	['pʌblɪk 'hɒlɪdeɪ]
verlofdag (de)	day off	[ˌdeɪ'ɒf]
weekend (het)	weekend	[ˌwiːk'end]
de hele dag (bw)	all day long	[ɔːl 'deɪ ˌlɒŋ]
de volgende dag (bw)	the next day	[ðə nekst deɪ]
twee dagen geleden	two days ago	[tu deɪz ə'gəʊ]
aan de vooravond (bw)	the day before	[ðə deɪ bɪ'fɔː(r)]
dag-, dagelijks (bn)	daily	['deɪlɪ]
elke dag (bw)	every day	[ˌevrɪ 'deɪ]
week (de)	week	[wiːk]
vorige week (bw)	last week	[ˌlɑːst 'wiːk]
volgende week (bw)	next week	[ˌnekst 'wiːk]
wekelijks (bn)	weekly	['wiːklɪ]
elke week (bw)	every week	[ˌevrɪ 'wiːk]
twee keer per week	twice a week	[ˌtwaɪs ə 'wiːk]
elke dinsdag	every Tuesday	['evrɪ 'tjuːzdɪ]

17. Uren. Dag en nacht

morgen (de)	morning	['mɔːnɪŋ]
's morgens (bw)	in the morning	[ɪn ðə 'mɔːnɪŋ]
middag (de)	noon, midday	[nuːn], ['mɪddeɪ]
's middags (bw)	in the afternoon	[ɪn ðə ˌɑːftə'nuːn]
avond (de)	evening	['iːvnɪŋ]
's avonds (bw)	in the evening	[ɪn ðɪ 'iːvnɪŋ]

nacht (de)	night	[naɪt]
's nachts (bw)	at night	[ət naɪt]
middernacht (de)	midnight	['mɪdnaɪt]
seconde (de)	second	['sekənd]
minuut (de)	minute	['mɪnɪt]
uur (het)	hour	['aʊə(r)]
halfuur (het)	half an hour	[ˌhɑːf ən 'aʊə(r)]
kwartier (het)	a quarter-hour	[ə 'kwɔːtər'aʊə(r)]
vijftien minuten	fifteen minutes	[fɪfˈtiːn 'mɪnɪts]
etmaal (het)	twenty four hours	['twentɪ fɔːr'aʊəz]
zonsopgang (de)	sunrise	['sʌnraɪz]
dageraad (de)	dawn	[dɔːn]
vroege morgen (de)	early morning	['ɜːlɪ 'mɔːnɪŋ]
zonsondergang (de)	sunset	['sʌnset]
's morgens vroeg (bw)	early in the morning	['ɜːlɪ ɪn ðə 'mɔːnɪŋ]
vanmorgen (bw)	this morning	[ðɪs 'mɔːnɪŋ]
morgenochtend (bw)	tomorrow morning	[təˈmɒrəʊ 'mɔːnɪŋ]
vanmiddag (bw)	this afternoon	[ðɪs ˌɑːftəˈnuːn]
's middags (bw)	in the afternoon	[ɪn ðə ˌɑːftəˈnuːn]
morgenmiddag (bw)	tomorrow afternoon	[təˈmɒrəʊ ˌɑːftəˈnuːn]
vanavond (bw)	tonight	[təˈnaɪt]
morgenavond (bw)	tomorrow night	[təˈmɒrəʊ naɪt]
klokslag drie uur	at 3 o'clock sharp	[ət θriː əˈklɒk ʃɑːp]
ongeveer vier uur	about 4 o'clock	[əˈbaʊt ˌfɔːrəˈklɒk]
tegen twaalf uur	by 12 o'clock	[baɪ twelv əˈklɒk]
over twintig minuten	in 20 minutes	[ɪn 'twentɪ ˌmɪnɪts]
over een uur	in an hour	[ɪn ən 'aʊə(r)]
op tijd (bw)	on time	[ɒn 'taɪm]
kwart voor …	a quarter of …	[ə 'kwɔːtə of]
binnen een uur	within an hour	[wɪˈðɪn æn 'aʊə(r)]
elk kwartier	every 15 minutes	['evrɪ fɪfˈtiːn 'mɪnɪts]
de klok rond	round the clock	['raʊnd ðə ˌklɒk]

18. Maanden. Seizoenen

januari (de)	January	['dʒænjʊərɪ]
februari (de)	February	['febrʊərɪ]
maart (de)	March	[mɑːtʃ]
april (de)	April	['eɪprəl]
mei (de)	May	[meɪ]
juni (de)	June	[dʒuːn]
juli (de)	July	[dʒuːˈlaɪ]
augustus (de)	August	['ɔːgəst]
september (de)	September	[sepˈtembə(r)]
oktober (de)	October	[ɒkˈtəʊbə(r)]

| november (de) | November | [nəʊ'vembə(r)] |
| december (de) | December | [dɪ'sembə(r)] |

lente (de)	spring	[sprɪŋ]
in de lente (bw)	in (the) spring	[ɪn (ðə) sprɪŋ]
lente- (abn)	spring	[sprɪŋ]

zomer (de)	summer	['sʌmə(r)]
in de zomer (bw)	in (the) summer	[ɪn (ðə) 'sʌmə(r)]
zomer-, zomers (bn)	summer	['sʌmə(r)]

herfst (de)	fall	[fɔːl]
in de herfst (bw)	in (the) fall	[ɪn (ðə) fɔːl]
herfst- (abn)	fall	[fɔːl]

winter (de)	winter	['wɪntə(r)]
in de winter (bw)	in (the) winter	[ɪn (ðə) 'wɪntə(r)]
winter- (abn)	winter	['wɪntə(r)]
maand (de)	month	[mʌnθ]
deze maand (bw)	this month	[ðɪs mʌnθ]
volgende maand (bw)	next month	[ˌnekst 'mʌnθ]
vorige maand (bw)	last month	[ˌlɑːst 'mʌnθ]

een maand geleden (bw)	a month ago	[əˌmʌnθ ə'gəʊ]
over een maand (bw)	in a month	[ɪn ə 'mʌnθ]
over twee maanden (bw)	in two months	[ɪn ˌtuː 'mʌnθs]
de hele maand (bw)	the whole month	[ðə ˌhəʊl 'mʌnθ]
een volle maand (bw)	all month long	[ɔːl 'mʌnθ ˌlɒŋ]

maand-, maandelijks (bn)	monthly	['mʌnθlɪ]
maandelijks (bw)	monthly	['mʌnθlɪ]
elke maand (bw)	every month	[ˌevrɪ 'mʌnθ]
twee keer per maand	twice a month	[ˌtwaɪs ə 'mʌnθ]

jaar (het)	year	[jɪə(r)]
dit jaar (bw)	this year	[ðɪs jɪə(r)]
volgend jaar (bw)	next year	[ˌnekst 'jɪə(r)]
vorig jaar (bw)	last year	[ˌlɑːst 'jɪə(r)]

een jaar geleden (bw)	a year ago	[ə jɪərə'gəʊ]
over een jaar	in a year	[ɪn ə 'jɪə(r)]
over twee jaar	in two years	[ɪn ˌtuː 'jɪəz]
het hele jaar	the whole year	[ðə ˌhəʊl 'jɪə(r)]
een vol jaar	all year long	[ɔːl 'jɪə ˌlɒŋ]

elk jaar	every year	[ˌevrɪ 'jɪə(r)]
jaar-, jaarlijks (bn)	annual	['ænjʊəl]
jaarlijks (bw)	annually	['ænjʊəlɪ]
4 keer per jaar	4 times a year	[fɔː taɪmz əjɪər]

datum (de)	date	[deɪt]
datum (de)	date	[deɪt]
kalender (de)	calendar	['kælɪndə(r)]
een half jaar	half a year	[ˌhɑːf ə 'jɪə(r)]
zes maanden	six months	[sɪks mʌnθs]
seizoen (bijv. lente, zomer)	season	['siːzən]

19. Tijd. Diversen

tijd (de)	time	[taɪm]
ogenblik (het)	instant	['ɪnstənt]
ogenblikkelijk (bn)	instant	['ɪnstənt]
tijdsbestek (het)	lapse	[læps]
leven (het)	life	[laɪf]
eeuwigheid (de)	eternity	[ɪ'tɜːnətɪ]
epoche (de), tijdperk (het)	epoch	['iːpɒk]
era (de), tijdperk (het)	era	['ɪərə]
cyclus (de)	cycle	['saɪkəl]
periode (de)	period	['pɪərɪəd]
termijn (vastgestelde periode)	term	[tɜːm]
toekomst (de)	the future	[ðə 'fjuːtʃə(r)]
toekomstig (bn)	future	['fjuːtʃə(r)]
de volgende keer	next time	[ˌnekst 'taɪm]
verleden (het)	the past	[ðə pɑːst]
vorig (bn)	past	[pɑːst]
de vorige keer	last time	[ˌlɑːst 'taɪm]
later (bw)	later	['leɪtə(r)]
na (~ het diner)	after	['ɑːftə(r)]
tegenwoordig (bw)	nowadays	['naʊədeɪz]
nu (bw)	now	[naʊ]
onmiddellijk (bw)	immediately	[ɪ'miːdjətlɪ]
snel (bw)	soon	[suːn]
bij voorbaat (bw)	in advance	[ɪn əd'vɑːns]
lang geleden (bw)	a long time ago	[əˌlɒŋ 'taɪm ə'gəʊ]
kort geleden (bw)	recently	['riːsntlɪ]
noodlot (het)	destiny	['destɪnɪ]
herinneringen (mv.)	memories	['meməriz]
archief (het)	archives	['ɑːkaɪvz]
tijdens ... (ten tijde van)	during ...	['djʊərɪŋ]
lang (bw)	long, a long time	[lɒŋ], [ə lɒŋ taɪm]
niet lang (bw)	not long	[nɒt lɒŋ]
vroeg (bijv. ~ in de ochtend)	early	['ɜːlɪ]
laat (bw)	late	[leɪt]
voor altijd (bw)	forever	[fə'revə(r)]
beginnen (ww)	to start (vt)	[tə stɑːt]
uitstellen (ww)	to postpone (vt)	[tə ˌpəʊst'pəʊn]
tegelijkertijd (bw)	at the same time	[ət ðə 'seɪm ˌtaɪm]
voortdurend (bw)	permanently	['pɜːmənentlɪ]
constant (bijv. ~ lawaai)	constant	['kɒnstənt]
tijdelijk (bn)	temporary	['tempərərɪ]
soms (bw)	sometimes	['sʌmtaɪmz]
zelden (bw)	rarely	['reəlɪ]
vaak (bw)	often	['ɒfən]

20. Tegenovergestelden

rijk (bn)	rich	[rɪtʃ]
arm (bn)	poor	[pʊə(r)]
ziek (bn)	ill, sick	[ɪl], [sɪk]
gezond (bn)	well	[wel]
groot (bn)	big	[bɪg]
klein (bn)	small	[smɔːl]
snel (bw)	quickly	['kwɪklɪ]
langzaam (bw)	slowly	['sləʊlɪ]
snel (bn)	fast	[fɑːst]
langzaam (bn)	slow	[sləʊ]
vrolijk (bn)	glad	[glæd]
treurig (bn)	sad	[sæd]
samen (bw)	together	[tə'geðə(r)]
apart (bw)	separately	['sepərətlɪ]
hardop (~ lezen)	aloud	[ə'laʊd]
stil (~ lezen)	silently	['saɪləntlɪ]
hoog (bn)	tall	[tɔːl]
laag (bn)	low	[ləʊ]
diep (bn)	deep	[diːp]
ondiep (bn)	shallow	['ʃæləʊ]
ja	yes	[jes]
nee	no	[nəʊ]
ver (bn)	distant	['dɪstənt]
dicht (bn)	nearby	['nɪəbaɪ]
ver (bw)	far	[fɑː(r)]
dichtbij (bw)	nearby	[ˌnɪə'baɪ]
lang (bn)	long	[lɒŋ]
kort (bn)	short	[ʃɔːt]
vriendelijk (goedhartig)	good	[gʊd]
kwaad (bn)	evil	['iːvəl]
gehuwd (mann.)	married	['mærɪd]
ongehuwd (mann.)	single	['sɪŋgəl]
verbieden (ww)	to forbid (vt)	[tə fə'bɪd]
toestaan (ww)	to permit (vt)	[tə pə'mɪt]
einde (het)	end	[end]
begin (het)	beginning	[bɪ'gɪnɪŋ]

| linker (bn) | left | [left] |
| rechter (bn) | right | [raɪt] |

| eerste (bn) | first | [fɜːst] |
| laatste (bn) | last | [lɑːst] |

| misdaad (de) | crime | [kraɪm] |
| bestraffing (de) | punishment | [ˈpʌnɪʃmənt] |

| bevelen (ww) | to order (vt) | [tə ˈɔːdə(r)] |
| gehoorzamen (ww) | to obey (vi, vt) | [tə əˈbeɪ] |

| recht (bn) | straight | [streɪt] |
| krom (bn) | curved | [kɜːvd] |

| paradijs (het) | paradise | [ˈpærədaɪs] |
| hel (de) | hell | [hel] |

| geboren worden (ww) | to be born | [tə bi bɔːn] |
| sterven (ww) | to die (vi) | [tə daɪ] |

| sterk (bn) | strong | [strɒŋ] |
| zwak (bn) | weak | [wiːk] |

| oud (bn) | old | [əʊld] |
| jong (bn) | young | [jʌŋ] |

| oud (bn) | old | [əʊld] |
| nieuw (bn) | new | [njuː] |

| hard (bn) | hard | [hɑːd] |
| zacht (bn) | soft | [sɒft] |

| warm (bn) | warm | [wɔːm] |
| koud (bn) | cold | [kəʊld] |

| dik (bn) | fat | [fæt] |
| dun (bn) | thin | [θɪn] |

| smal (bn) | narrow | [ˈnærəʊ] |
| breed (bn) | wide | [waɪd] |

| goed (bn) | good | [gʊd] |
| slecht (bn) | bad | [bæd] |

| moedig (bn) | brave | [breɪv] |
| laf (bn) | cowardly | [ˈkaʊədlɪ] |

21. Lijnen en vormen

vierkant (het)	square	[skweə(r)]
vierkant (bn)	square	[skweə(r)]
cirkel (de)	circle	[ˈsɜːkəl]
rond (bn)	round	[raʊnd]

driehoek (de)	triangle	['traɪæŋgəl]
driehoekig (bn)	triangular	[traɪ'æŋgjʊlə(r)]

ovaal (het)	oval	['əʊvəl]
ovaal (bn)	oval	['əʊvəl]
rechthoek (de)	rectangle	['rek,tæŋgəl]
rechthoekig (bn)	rectangular	[,rek'tæŋgjʊlə(r)]

piramide (de)	pyramid	['pɪrəmɪd]
ruit (de)	rhombus	['rɒmbəs]
trapezium (het)	trapezoid	['træpɪzɔɪd]
kubus (de)	cube	[kju:b]
prisma (het)	prism	['prɪzəm]

omtrek (de)	circumference	[sə'kʌmfərəns]
bol, sfeer (de)	sphere	[sfɪə(r)]
bal (de)	ball	[bɔ:l]
diameter (de)	diameter	[daɪ'æmɪtə(r)]
straal (de)	radius	['reɪdɪəs]
omtrek (~ van een cirkel)	perimeter	[pə'rɪmɪtə(r)]
middelpunt (het)	center	['sentə(r)]

horizontaal (bn)	horizontal	[,hɒrɪ'zɒntəl]
verticaal (bn)	vertical	['vɜ:tɪkəl]
parallel (de)	parallel	['pærəlel]
parallel (bn)	parallel	['pærəlel]

lijn (de)	line	[laɪn]
streep (de)	stroke	[strəʊk]
rechte lijn (de)	straight line	['streɪt ,laɪn]
kromme (de)	curve	[kɜ:v]
dun (bn)	thin	[θɪn]
omlijning (de)	contour	['kɒntʊə(r)]

snijpunt (het)	intersection	[,ɪntə'sekʃən]
rechte hoek (de)	right angle	[raɪt 'æŋgəl]
segment (het)	segment	['segmənt]
sector (de)	sector	['sektə(r)]
zijde (de)	side	[saɪd]
hoek (de)	angle	['æŋgəl]

22. Meeteenheden

gewicht (het)	weight	[weɪt]
lengte (de)	length	[leŋθ]
breedte (de)	width	[wɪdθ]
hoogte (de)	height	[haɪt]
diepte (de)	depth	[depθ]
volume (het)	volume	['vɒlju:m]
oppervlakte (de)	area	['eərɪə]

gram (het)	gram	[græm]
milligram (het)	milligram	['mɪlɪgræm]
kilogram (het)	kilogram	['kɪlə,græm]

ton (duizend kilo)	ton	[tʌn]
pond (het)	pound	[paʊnd]
ons (het)	ounce	[aʊns]

meter (de)	meter	['mi:tə(r)]
millimeter (de)	millimeter	['mɪlɪˌmi:tə(r)]
centimeter (de)	centimeter	['sentɪˌmi:tə(r)]
kilometer (de)	kilometer	['kɪləˌmi:tə(r)]
mijl (de)	mile	[maɪl]

duim (de)	inch	[ɪntʃ]
voet (de)	foot	[fʊt]
yard (de)	yard	[jɑ:d]

vierkante meter (de)	square meter	[skweə 'mi:tə(r)]
hectare (de)	hectare	['hekteə(r)]

liter (de)	liter	['li:tə(r)]
graad (de)	degree	[dɪ'gri:]
volt (de)	volt	[vəʊlt]
ampère (de)	ampere	['æmpeə(r)]
paardenkracht (de)	horsepower	['hɔ:sˌpaʊə(r)]

hoeveelheid (de)	quantity	['kwɒntɪtɪ]
een beetje ...	a little bit of ...	[ə 'lɪtəl bɪt əv]
helft (de)	half	[hɑ:f]
dozijn (het)	dozen	['dʌzən]
stuk (het)	piece	[pi:s]

afmeting (de)	size	[saɪz]
schaal (bijv. ~ van 1 op 50)	scale	[skeɪl]

minimaal (bn)	minimal	['mɪnɪməl]
minste (bn)	the smallest	[ðə 'smɔ:ləst]
medium (bn)	medium	['mi:dɪəm]
maximaal (bn)	maximal	['mæksɪməl]
grootste (bn)	the largest	[ðə 'lɑ:dʒɪst]

23. Containers

glazen pot (de)	jar	[dʒɑ:(r)]
blik (conserven~)	can	[kæn]
emmer (de)	bucket	['bʌkɪt]
ton (bijv. regenton)	barrel	['bærəl]

ronde waterbak (de)	basin	['beɪsən]
tank (bijv. watertank-70-ltr)	tank	[tæŋk]
heupfles (de)	hip flask	[hɪp flɑ:sk]
jerrycan (de)	jerrycan	['dʒerɪkæn]
tank (bijv. ketelwagen)	cistern	['sɪstən]

beker (de)	mug	[mʌg]
kopje (het)	cup	[kʌp]
schoteltje (het)	saucer	['sɔ:sə(r)]

glas (het)	glass	[glɑ:s]
wijnglas (het)	glass	[glɑ:s]
steelpan (de)	saucepan	['sɔ:spən]

| fles (de) | bottle | ['botəl] |
| flessenhals (de) | neck | [nek] |

karaf (de)	carafe	[kə'ræf]
kruik (de)	pitcher	['pɪtʃə(r)]
vat (het)	vessel	['vesəl]
pot (de)	pot	[pot]
vaas (de)	vase	[veɪz]

flacon (de)	bottle	['botəl]
flesje (het)	vial, small bottle	['vaɪəl], [smɔ:l 'botəl]
tube (bijv. ~ tandpasta)	tube	[tju:b]

zak (bijv. ~ aardappelen)	sack	[sæk]
tasje (het)	bag	[bæg]
pakje (~ sigaretten, enz.)	pack	[pæk]

doos (de)	box	[boks]
kist (de)	box	[boks]
mand (de)	basket	['bɑ:skɪt]

24. Materialen

materiaal (het)	material	[mə'tɪərɪəl]
hout (het)	wood	[wʊd]
houten (bn)	wooden	['wʊdən]

| glas (het) | glass | [glɑ:s] |
| glazen (bn) | glass | [glɑ:s] |

| steen (de) | stone | [stəʊn] |
| stenen (bn) | stone | [stəʊn] |

| plastic (het) | plastic | ['plæstɪk] |
| plastic (bn) | plastic | ['plæstɪk] |

| rubber (het) | rubber | ['rʌbə(r)] |
| rubber-, rubberen (bn) | rubber | ['rʌbə(r)] |

| stof (de) | material, fabric | [mə'tɪərɪəl], ['fæbrɪk] |
| van stof (bn) | fabric | ['fæbrɪk] |

| papier (het) | paper | ['peɪpə(r)] |
| papieren (bn) | paper | ['peɪpə(r)] |

| karton (het) | cardboard | ['kɑ:dbɔ:d] |
| kartonnen (bn) | cardboard | ['kɑ:dbɔ:d] |

| polyethyleen (het) | polyethylene | [ˌpolɪ'eθɪli:n] |
| cellofaan (het) | cellophane | ['seləfeɪn] |

multiplex (het)	**plywood**	['plaɪwʊd]
porselein (het)	**porcelain**	['pɔːsəlɪn]
porseleinen (bn)	**porcelain**	['pɔːsəlɪn]
klei (de)	**clay**	[kleɪ]
klei-, van klei (bn)	**clay**	[kleɪ]
keramiek (de)	**ceramic**	[sɪ'ræmɪk]
keramieken (bn)	**ceramic**	[sɪ'ræmɪk]

25. Metalen

metaal (het)	**metal**	['metəl]
metalen (bn)	**metal**	['metəl]
legering (de)	**alloy**	['ælɔɪ]

goud (het)	**gold**	[gəʊld]
gouden (bn)	**gold, golden**	[gəʊld], ['gəʊldən]
zilver (het)	**silver**	['sɪlvə(r)]
zilveren (bn)	**silver**	['sɪlvə(r)]

IJzer (het)	**iron**	['aɪrən]
IJzeren (bn)	**iron-, made of iron**	['aɪrən], [meɪd əv 'aɪrən]
staal (het)	**steel**	[stiːl]
stalen (bn)	**steel**	[stiːl]
koper (het)	**copper**	['kɒpə(r)]
koperen (bn)	**copper**	['kɒpə(r)]

aluminium (het)	**aluminum**	[ə'luːmɪnəm]
aluminium (bn)	**aluminum**	[ə'luːmɪnəm]
brons (het)	**bronze**	[brɒnz]
bronzen (bn)	**bronze**	[brɒnz]

messing (het)	**brass**	[brɑːs]
nikkel (het)	**nickel**	['nɪkəl]
platina (het)	**platinum**	['plætɪnəm]
kwik (het)	**mercury**	['mɜːkjʊrɪ]
tin (het)	**tin**	[tɪn]
lood (het)	**lead**	[led]
zink (het)	**zinc**	[zɪŋk]

MENS

Mens. Het lichaam

26. Mensen. Basisbegrippen

mens (de)	human being	['hju:mən 'bi:ɪŋ]
man (de)	man	[mæn]
vrouw (de)	woman	['wʊmən]
kind (het)	child	[tʃaɪld]
meisje (het)	girl	[gɜ:l]
jongen (de)	boy	[bɔɪ]
tiener, adolescent (de)	teenager	['ti:n,eɪdʒə(r)]
oude man (de)	old man	['əʊld ˌmæn]
oude vrouw (de)	old woman	['əʊld ˌwʊmən]

27. Menselijke anatomie

organisme (het)	organism	['ɔ:gənɪzəm]
hart (het)	heart	[hɑ:t]
bloed (het)	blood	[blʌd]
slagader (de)	artery	['ɑ:tərɪ]
ader (de)	vein	[veɪn]
hersenen (mv.)	brain	[breɪn]
zenuw (de)	nerve	[nɜ:v]
zenuwen (mv.)	nerves	[nɜ:vz]
wervel (de)	vertebra	['vɜ:tɪbrə]
ruggengraat (de)	spine	[spaɪn]
maag (de)	stomach	['stʌmək]
darmen (mv.)	intestines	[ɪn'testɪnz]
darm (de)	intestine	[ɪn'testɪn]
lever (de)	liver	['lɪvə(r)]
nier (de)	kidney	['kɪdnɪ]
been (deel van het skelet)	bone	[bəʊn]
skelet (het)	skeleton	['skelɪtən]
rib (de)	rib	[rɪb]
schedel (de)	skull	[skʌl]
spier (de)	muscle	['mʌsəl]
biceps (de)	biceps	['baɪseps]
triceps (de)	triceps	['traɪseps]
pees (de)	tendon	['tendən]
gewricht (het)	joint	[dʒɔɪnt]

longen (mv.)	**lungs**	[lʌŋz]
geslachtsorganen (mv.)	**genitals**	[ˈdʒenɪtəlz]
huid (de)	**skin**	[skɪn]

28. Hoofd

hoofd (het)	**head**	[hed]
gezicht (het)	**face**	[feɪs]
neus (de)	**nose**	[nəʊz]
mond (de)	**mouth**	[maʊθ]

oog (het)	**eye**	[aɪ]
ogen (mv.)	**eyes**	[aɪz]
pupil (de)	**pupil**	[ˈpjuːpəl]
wenkbrauw (de)	**eyebrow**	[ˈaɪbraʊ]
wimper (de)	**eyelash**	[ˈaɪlæʃ]
ooglid (het)	**eyelid**	[ˈaɪlɪd]

tong (de)	**tongue**	[tʌŋ]
tand (de)	**tooth**	[tuːθ]
lippen (mv.)	**lips**	[lɪps]
jukbeenderen (mv.)	**cheekbones**	[ˈtʃiːkbəʊnz]
tandvlees (het)	**gum**	[gʌm]
gehemelte (het)	**palate**	[ˈpælət]

neusgaten (mv.)	**nostrils**	[ˈnɒstrɪlz]
kin (de)	**chin**	[tʃɪn]
kaak (de)	**jaw**	[dʒɔː]
wang (de)	**cheek**	[tʃiːk]

voorhoofd (het)	**forehead**	[ˈfɔːhed]
slaap (de)	**temple**	[ˈtempəl]
oor (het)	**ear**	[ɪə(r)]
achterhoofd (het)	**back of the head**	[ˈbæk əv ðə ˌhed]
hals (de)	**neck**	[nek]
keel (de)	**throat**	[θrəʊt]

haren (mv.)	**hair**	[heə(r)]
kapsel (het)	**hairstyle**	[ˈheəstaɪl]
haarsnit (de)	**haircut**	[ˈheəkʌt]
pruik (de)	**wig**	[wɪg]

snor (de)	**mustache**	[ˈmʌstæʃ]
baard (de)	**beard**	[bɪəd]
dragen (een baard, enz.)	**to have** (vt)	[tə hæv]
vlecht (de)	**braid**	[breɪd]
bakkebaarden (mv.)	**sideburns**	[ˈsaɪdbɜːnz]

ros (roodachtig, rossig)	**red-haired**	[ˈred ˌheəd]
grijs (~ haar)	**gray**	[greɪ]
kaal (bn)	**bald**	[bɔːld]
kale plek (de)	**bald patch**	[bɔːld pætʃ]
paardenstaart (de)	**ponytail**	[ˈpəʊniteɪl]
pony (de)	**bangs**	[bæŋz]

29. Menselijk lichaam

hand (de)	hand	[hænd]
arm (de)	arm	[ɑːm]
vinger (de)	finger	['fɪŋɡə(r)]
duim (de)	thumb	[θʌm]
pink (de)	little finger	[ˌlɪtəl 'fɪŋɡə(r)]
nagel (de)	nail	[neɪl]
vuist (de)	fist	[fɪst]
handpalm (de)	palm	[pɑːm]
pols (de)	wrist	[rɪst]
voorarm (de)	forearm	['fɔːrˌɑːm]
elleboog (de)	elbow	['elbəʊ]
schouder (de)	shoulder	['ʃəʊldə(r)]
been (rechter ~)	leg	[leɡ]
voet (de)	foot	[fʊt]
knie (de)	knee	[niː]
kuit (de)	calf	[kɑːf]
heup (de)	hip	[hɪp]
hiel (de)	heel	[hiːl]
lichaam (het)	body	['bɒdɪ]
buik (de)	stomach	['stʌmək]
borst (de)	chest	[tʃest]
borst (de)	breast	[brest]
zijde (de)	flank	[flæŋk]
rug (de)	back	[bæk]
lage rug (de)	lower back	['ləʊə bæk]
taille (de)	waist	[weɪst]
navel (de)	navel	['neɪvəl]
billen (mv.)	buttocks	['bʌtəks]
achterwerk (het)	bottom	['bɒtəm]
huidvlek (de)	beauty mark	['bjuːtɪ mɑːk]
tatoeage (de)	tattoo	[tə'tuː]
litteken (het)	scar	[skɑː(r)]

Kleding en accessoires

30. Bovenkleding. Jassen

kleren (mv.), kleding (de)	clothes	[kləʊðz]
bovenkleding (de)	outer clothes	['aʊtə kləʊðz]
winterkleding (de)	winter clothes	['wɪntə kləʊðz]
jas (de)	overcoat	['əʊvəkəʊt]
bontjas (de)	fur coat	['fɜː‚kəʊt]
bontjasje (het)	fur jacket	['fɜː 'dʒækɪt]
donzen jas (de)	down coat	['daʊn ‚kəʊt]
jasje (bijv. een leren ~)	jacket	['dʒækɪt]
regenjas (de)	raincoat	['reɪnkəʊt]
waterdicht (bn)	waterproof	['wɔːtəpruːf]

31. Heren & dames kleding

overhemd (het)	shirt	[ʃɜːt]
broek (de)	pants	[pænts]
jeans (de)	jeans	[dʒiːnz]
colbert (de)	jacket	['dʒækɪt]
kostuum (het)	suit	[suːt]
jurk (de)	dress	[dres]
rok (de)	skirt	[skɜːt]
blouse (de)	blouse	[blaʊz]
wollen vest (de)	knitted jacket	['nɪtɪd 'dʒækɪt]
blazer (kort jasje)	jacket	['dʒækɪt]
T-shirt (het)	T-shirt	['tiː‚ʃɜːt]
shorts (mv.)	shorts	[ʃɔːts]
trainingspak (het)	tracksuit	['træksuːt]
badjas (de)	bathrobe	['baːθrəʊb]
pyjama (de)	pajamas	[pə'dʒaːməz]
sweater (de)	sweater	['swetə(r)]
pullover (de)	pullover	['pʊl‚əʊvə(r)]
gilet (het)	vest	[vest]
rokkostuum (het)	tailcoat	[‚teɪl'kəʊt]
smoking (de)	tuxedo	[tʌk'siːdəʊ]
uniform (het)	uniform	['juːnɪfɔːm]
werkkleding (de)	workwear	[wɜːkweə(r)]
overall (de)	overalls	['əʊvərɔːlz]
doktersjas (de)	coat	[kəʊt]

32. Kleding. Ondergoed

ondergoed (het)	underwear	['ʌndəweə(r)]
onderhemd (het)	undershirt	['ʌndəʃɜ:t]
sokken (mv.)	socks	[sɒks]
nachthemd (het)	nightgown	['naɪtgaʊn]
beha (de)	bra	[brɑ:]
kniekousen (mv.)	knee highs	['ni: ˌhaɪs]
panty (de)	pantyhose	['pæntɪhəʊz]
nylonkousen (mv.)	stockings	['stɒkɪŋz]
badpak (het)	bathing suit	['beɪðɪŋ su:t]

33. Hoofddeksels

hoed (de)	hat	[hæt]
deukhoed (de)	fedora	[fɪ'dɔ:rə]
honkbalpet (de)	baseball cap	['beɪsbɔ:l kæp]
kleppet (de)	flatcap	[flæt kæp]
baret (de)	beret	['bereɪ]
kap (de)	hood	[hʊd]
panamahoed (de)	panama	['pænəmɑ:]
gebreide muts (de)	knitted hat	['nɪtɪdˌhæt]
hoofddoek (de)	headscarf	['hedskɑ:f]
dameshoed (de)	women's hat	['wɪmɪns hæt]
veiligheidshelm (de)	hard hat	[hɑ:d hæt]
veldmuts (de)	garrison cap	['gærɪsən kæp]
helm, valhelm (de)	helmet	['helmɪt]
bolhoed (de)	derby	['dɜ:bɪ]
hoge hoed (de)	top hat	[tɒp hæt]

34. Schoeisel

schoeisel (het)	footwear	['fʊtweə(r)]
schoenen (mv.)	ankle boots	['æŋkəl bu:ts]
vrouwenschoenen (mv.)	shoes	[ʃu:z]
laarzen (mv.)	boots	[bu:ts]
pantoffels (mv.)	slippers	['slɪpəz]
sportschoenen (mv.)	tennis shoes	['tenɪsʃu:z]
sneakers (mv.)	sneakers	['sni:kəz]
sandalen (mv.)	sandals	['sændəlz]
schoenlapper (de)	cobbler	['kɒblə(r)]
hiel (de)	heel	[hi:l]
paar (een ~ schoenen)	pair	[peə(r)]
veter (de)	shoestring	['ʃu:strɪŋ]

rijgen (schoenen ~)	to lace (vt)	[tə leɪs]
schoenlepel (de)	shoehorn	[ˈʃuːhɔːn]
schoensmeer (de/het)	shoe polish	[ʃuː ˈpɒlɪʃ]

35. Textiel. Weefsel

| katoen (de/het) | cotton | [ˈkɒtən] |
| vlas (het) | flax | [flæks] |

zijde (de)	silk	[sɪlk]
zijden (bn)	silk	[sɪlk]
wol (de)	wool	[wʊl]
wollen (bn)	woolen	[ˈwʊlən]

fluweel (het)	velvet	[ˈvelvɪt]
suède (de)	suede	[sweɪd]
ribfluweel (het)	corduroy	[ˈkɔːdərɔɪ]

nylon (de/het)	nylon	[ˈnaɪlɒn]
nylon-, van nylon (bn)	nylon	[ˈnaɪlɒn]
polyester (het)	polyester	[ˌpɒlɪˈestə(r)]
polyester- (abn)	polyester	[ˌpɒlɪˈestə(r)]

leer (het)	leather	[ˈleðə(r)]
leren (van leer gemaak)	leather	[ˈleðə(r)]
bont (het)	fur	[fɜː(r)]
bont- (abn)	fur	[fɜː(r)]

36. Persoonlijke accessoires

handschoenen (mv.)	gloves	[glʌvz]
wanten (mv.)	mittens	[ˈmɪtənz]
sjaal (fleece ~)	scarf	[skɑːf]

bril (de)	glasses	[glɑːsɪz]
brilmontuur (het)	frame	[freɪm]
paraplu (de)	umbrella	[ʌmˈbrelə]
wandelstok (de)	walking stick	[ˈwɔːkɪŋ stɪk]
haarborstel (de)	hairbrush	[ˈheəbrʌʃ]
waaier (de)	fan	[fæn]

das (de)	necktie	[ˈnektaɪ]
strikje (het)	bow tie	[bəʊ taɪ]
bretels (mv.)	suspenders	[səˈspendəz]
zakdoek (de)	handkerchief	[ˈhæŋkətʃɪf]

kam (de)	comb	[kəʊm]
haarspeldje (het)	barrette	[bəˈret]
schuifspeldje (het)	hairpin	[ˈheəpɪn]
gesp (de)	buckle	[ˈbʌkəl]
broekriem (de)	belt	[belt]
draagriem (de)	shoulder strap	[ˈʃəʊldə stræp]

handtas (de)	bag	[bæg]
damestas (de)	purse	[pɜ:s]
rugzak (de)	backpack	['bækpæk]

37. Kleding. Diversen

mode (de)	fashion	['fæʃən]
de mode (bn)	in vogue	[ɪn vəʊg]
kledingstilist (de)	fashion designer	['fæʃən dɪ'zaɪnə(r)]

kraag (de)	collar	['kɒlə(r)]
zak (de)	pocket	['pɒkɪt]
zak- (abn)	pocket	['pɒkɪt]
mouw (de)	sleeve	[sli:v]
lusje (het)	hanging loop	['hæŋɪŋ lu:p]
gulp (de)	fly	[flaɪ]

rits (de)	zipper	['zɪpə(r)]
sluiting (de)	fastener	['fɑ:sənə(r)]
knoop (de)	button	['bʌtən]
knoopsgat (het)	buttonhole	['bʌtənhəʊl]
losraken (bijv. knopen)	to come off	[tə kʌm ɒf]

naaien (kleren, enz.)	to sew (vi, vt)	[tə səʊ]
borduren (ww)	to embroider (vi, vt)	[tə ɪm'brɔɪdə(r)]
borduursel (het)	embroidery	[ɪm'brɔɪdərɪ]
naald (de)	sewing needle	['səʊɪŋ 'ni:dəl]
draad (de)	thread	[θred]
naad (de)	seam	[si:m]

vies worden (ww)	to get dirty (vi)	[tə get 'dɜ:tɪ]
vlek (de)	stain	[steɪn]
gekreukt raken (ov. kleren)	to crease, crumple (vi)	[tə kri:s], ['krʌmpəl]
scheuren (ov.ww.)	to tear, to rip (vt)	[tə teər], [tə rɪp]
mot (de)	clothes moth	[kləʊðz mɒθ]

38. Persoonlijke verzorging. Schoonheidsmiddelen

tandpasta (de)	toothpaste	['tu:θpeɪst]
tandenborstel (de)	toothbrush	['tu:θbrʌʃ]
tanden poetsen (ww)	to brush one's teeth	[tə brʌʃ wʌns 'ti:θ]

scheermes (het)	razor	['reɪzə(r)]
scheerschuim (het)	shaving cream	['ʃeɪvɪŋ ˌkri:m]
zich scheren (ww)	to shave (vi)	[tə ʃeɪv]

| zeep (de) | soap | [səʊp] |
| shampoo (de) | shampoo | [ʃæm'pu:] |

schaar (de)	scissors	['sɪzəz]
nagelvijl (de)	nail file	['neɪl ˌfaɪl]
nagelknipper (de)	nail clippers	[neɪl 'klɪpərz]

pincet (het)	tweezers	['twiːzəz]
cosmetica (de)	cosmetics	[kɒz'metɪks]
masker (het)	face mask	[feɪs mɑːsk]
manicure (de)	manicure	['mænɪˌkjʊə(r)]
manicure doen	to have a manicure	[tə hævə 'mænɪˌkjʊə]
pedicure (de)	pedicure	['pedɪˌkjʊə(r)]

cosmetica tasje (het)	make-up bag	['meɪk ʌp ˌbæg]
poeder (de/het)	face powder	[feɪs 'paʊdə(r)]
poederdoos (de)	powder compact	['paʊdə 'kɒmpækt]
rouge (de)	blusher	['blʌʃə(r)]

parfum (de/het)	perfume	['pɜːfjuːm]
eau de toilet (de)	toilet water	['tɔɪlɪt 'wɔːtə(r)]
lotion (de)	lotion	['ləʊʃən]
eau de cologne (de)	cologne	[kə'ləʊn]

oogschaduw (de)	eyeshadow	['aɪʃædəʊ]
oogpotlood (het)	eyeliner	['aɪˌlaɪnə(r)]
mascara (de)	mascara	[mæs'kɑːrə]

lippenstift (de)	lipstick	['lɪpstɪk]
nagellak (de)	nail polish	['neɪl ˌpɒlɪʃ]
haarlak (de)	hair spray	['heəspreɪ]
deodorant (de)	deodorant	[diː'əʊdərənt]

crème (de)	cream	[kriːm]
gezichtscrème (de)	face cream	['feɪs ˌkriːm]
handcrème (de)	hand cream	['hænd ˌkriːm]
antirimpelcrème (de)	anti-wrinkle cream	['æntɪ 'rɪŋkəl kriːm]
dagcrème (de)	day cream	['deɪ ˌkriːm]
nachtcrème (de)	night cream	['naɪt ˌkriːm]

tampon (de)	tampon	['tæmpɒn]
toiletpapier (het)	toilet paper	['tɔɪlɪt 'peɪpə(r)]
föhn (de)	hair dryer	['heəˌdraɪə(r)]

39. Juwelen

sieraden (mv.)	jewelry	['dʒuːəlrɪ]
edel (bijv. ~ stenen)	precious	['preʃəs]
keurmerk (het)	hallmark	['hɔːlmɑːk]

ring (de)	ring	[rɪŋ]
trouwring (de)	wedding ring	['wedɪŋ rɪŋ]
armband (de)	bracelet	['breɪslɪt]

oorringen (mv.)	earrings	['ɪərɪŋz]
halssnoer (het)	necklace	['neklɪs]
kroon (de)	crown	[kraʊn]
kralen snoer (het)	bead necklace	[biːd 'neklɪs]

| diamant (de) | diamond | ['daɪəmənd] |
| smaragd (de) | emerald | ['emərəld] |

robijn (de)	ruby	['ru:bɪ]
saffier (de)	sapphire	['sæfaɪə(r)]
parel (de)	pearl	[pɜːl]
barnsteen (de)	amber	['æmbə(r)]

40. Horloges. Klokken

polshorloge (het)	watch	[wɒtʃ]
wijzerplaat (de)	dial	['daɪəl]
wijzer (de)	hand	[hænd]
metalen horlogeband (de)	bracelet	['breɪslɪt]
horlogebandje (het)	watch strap	[wɒtʃ stræp]

batterij (de)	battery	['bætərɪ]
leeg zijn (ww)	to be dead	[tə bi ded]
batterij vervangen	to change a battery	[tə tʃeɪndʒ ə 'bætərɪ]
voorlopen (ww)	to run fast	[tə rʌn fɑːst]
achterlopen (ww)	to run slow	[tə rʌn sləʊ]

wandklok (de)	wall clock	['wɔːl ˌklɒk]
zandloper (de)	hourglass	['aʊəglɑːs]
zonnewijzer (de)	sundial	['sʌndaɪəl]
wekker (de)	alarm clock	[ə'lɑːm klɒk]
horlogemaker (de)	watchmaker	['wɒtʃˌmeɪkə(r)]
repareren (ww)	to repair (vt)	[tə rɪ'peə(r)]

Voedsel. Voeding

41. Voedsel

vlees (het)	meat	[miːt]
kip (de)	chicken	[ˈtʃɪkɪn]
kuiken (het)	Rock Cornish hen	[rɒk ˈkɔːnɪʃ hen]
eend (de)	duck	[dʌk]
gans (de)	goose	[guːs]
wild (het)	game	[geɪm]
kalkoen (de)	turkey	[ˈtɜːkɪ]
varkensvlees (het)	pork	[pɔːk]
kalfsvlees (het)	veal	[viːl]
schapenvlees (het)	lamb	[læm]
rundvlees (het)	beef	[biːf]
konijnenvlees (het)	rabbit	[ˈræbɪt]
worst (de)	sausage	[ˈsɒsɪdʒ]
saucijs (de)	vienna sausage	[vɪˈenə ˈsɒsɪdʒ]
spek (het)	bacon	[ˈbeɪkən]
ham (de)	ham	[hæm]
gerookte achterham (de)	gammon	[ˈgæmən]
paté, pastei (de)	pâté	[ˈpæteɪ]
lever (de)	liver	[ˈlɪvə(r)]
varkensvet (het)	lard	[lɑːd]
gehakt (het)	ground beef	[graʊnd biːf]
tong (de)	tongue	[tʌŋ]
ei (het)	egg	[eg]
eieren (mv.)	eggs	[egz]
eiwit (het)	egg white	[ˈeg ˌwaɪt]
eigeel (het)	egg yolk	[ˈeg jəʊk]
vis (de)	fish	[fɪʃ]
zeevruchten (mv.)	seafood	[ˈsiːfuːd]
schaaldieren (mv.)	crustaceans	[krʌˈsteɪʃənz]
kaviaar (de)	caviar	[ˈkævɪɑː(r)]
krab (de)	crab	[kræb]
garnaal (de)	shrimp	[ʃrɪmp]
oester (de)	oyster	[ˈɔɪstə(r)]
langoest (de)	spiny lobster	[ˈspaɪnɪ ˈlɒbstə(r)]
octopus (de)	octopus	[ˈɒktəpəs]
inktvis (de)	squid	[skwɪd]
steur (de)	sturgeon	[ˈstɜːdʒən]
zalm (de)	salmon	[ˈsæmən]
heilbot (de)	halibut	[ˈhælɪbət]

kabeljauw (de)	cod	[kɒd]
makreel (de)	mackerel	['mækərəl]
tonijn (de)	tuna	['tu:nə]
paling (de)	eel	[i:l]

forel (de)	trout	[traʊt]
sardine (de)	sardine	[sɑ:'di:n]
snoek (de)	pike	[paɪk]
haring (de)	herring	['herɪŋ]

brood (het)	bread	[bred]
kaas (de)	cheese	[tʃi:z]
suiker (de)	sugar	['ʃʊgə(r)]
zout (het)	salt	[sɔ:lt]

rijst (de)	rice	[raɪs]
pasta (de)	pasta	['pæstə]
noedels (mv.)	noodles	['nu:dəlz]

boter (de)	butter	['bʌtə(r)]
plantaardige olie (de)	vegetable oil	['vedʒtəbəl ɔil]
zonnebloemolie (de)	sunflower oil	['sʌnˌflaʊə ɔil]
margarine (de)	margarine	[ˌmɑ:dʒə'ri:n]

olijven (mv.)	olives	['ɒlɪvz]
olijfolie (de)	olive oil	['ɒlɪv ˌɔil]

melk (de)	milk	[mɪlk]
gecondenseerde melk (de)	condensed milk	[kən'denst mɪlk]
yoghurt (de)	yogurt	['jəʊgert]
zure room (de)	sour cream	['saʊə ˌkri:m]
room (de)	cream	[kri:m]

mayonaise (de)	mayonnaise	[ˌmeɪə'neɪz]
crème (de)	buttercream	['bʌtəˌkri:m]

graan (het)	cereal grain	['sɪərɪəl greɪn]
meel (het), bloem (de)	flour	['flaʊə(r)]
conserven (mv.)	canned food	[kænd fu:d]

maïsvlokken (mv.)	cornflakes	['kɔ:nfleɪks]
honing (de)	honey	['hʌnɪ]
jam (de)	jam	[dʒæm]
kauwgom (de)	chewing gum	['tʃu:ɪŋ ˌgʌm]

42. Drankjes

water (het)	water	['wɔ:tə(r)]
drinkwater (het)	drinking water	['drɪŋkɪŋ 'wɔ:tə(r)]
mineraalwater (het)	mineral water	['mɪnərəl 'wɔ:tə(r)]

zonder gas	still	[stɪl]
koolzuurhoudend (bn)	carbonated	['kɑ:bəneɪtɪd]
bruisend (bn)	sparkling	['spɑ:klɪŋ]

IJs (het)	ice	[aɪs]
met ijs	with ice	[wɪð aɪs]

alcohol vrij (bn)	non-alcoholic	[nɒn ˌælkə'hɒlɪk]
alcohol vrije drank (de)	soft drink	[sɒft drɪŋk]
frisdrank (de)	cool soft drink	[ku:l sɒft drɪŋk]
limonade (de)	lemonade	[ˌlemə'neɪd]

alcoholische dranken (mv.)	liquor	['lɪkə(r)]
wijn (de)	wine	[waɪn]
witte wijn (de)	white wine	['waɪt ˌwaɪn]
rode wijn (de)	red wine	['red ˌwaɪn]

likeur (de)	liqueur	[lɪ'kjʊə(r)]
champagne (de)	champagne	[ʃæm'peɪn]
vermout (de)	vermouth	[vɜ:'mu:θ]

whisky (de)	whisky	['wɪskɪ]
wodka (de)	vodka	['vɒdkə]
gin (de)	gin	[dʒɪn]
cognac (de)	cognac	['kɒnjæk]
rum (de)	rum	[rʌm]

koffie (de)	coffee	['kɒfɪ]
zwarte koffie (de)	black coffee	[blæk 'kɒfɪ]
koffie (de) met melk	coffee with milk	['kɒfɪ wɪð mɪlk]
cappuccino (de)	cappuccino	[ˌkæpʊ'tʃi:nəʊ]
oploskoffie (de)	instant coffee	['ɪnstənt 'kɒfɪ]

melk (de)	milk	[mɪlk]
cocktail (de)	cocktail	['kɒkteɪl]
milkshake (de)	milk shake	['mɪlk ʃeɪk]

sap (het)	juice	[dʒu:s]
tomatensap (het)	tomato juice	[tə'meɪtəʊ dʒu:s]
sinaasappelsap (het)	orange juice	['ɒrɪndʒ ˌdʒu:s]
vers geperst sap (het)	freshly squeezed juice	['freʃlɪ skwi:zd dʒu:s]

bier (het)	beer	[bɪə(r)]
licht bier (het)	light beer	[ˌlaɪt 'bɪə(r)]
donker bier (het)	dark beer	['dɑ:k ˌbɪə(r)]

thee (de)	tea	[ti:]
zwarte thee (de)	black tea	[blæk ti:]
groene thee (de)	green tea	['gri:n ˌti:]

43. Groenten

groenten (mv.)	vegetables	['vedʒtəbəlz]
verse kruiden (mv.)	greens	[gri:nz]

tomaat (de)	tomato	[tə'meɪtəʊ]
augurk (de)	cucumber	['kju:kʌmbə(r)]
wortel (de)	carrot	['kærət]

aardappel (de)	potato	[pə'teɪtəʊ]
ui (de)	onion	['ʌnjən]
knoflook (de)	garlic	['gɑːlɪk]

kool (de)	cabbage	['kæbɪdʒ]
bloemkool (de)	cauliflower	['kɒlɪˌflaʊə(r)]
spruitkool (de)	Brussels sprouts	['brʌsəlz ˌspraʊts]
broccoli (de)	broccoli	['brɒkəlɪ]

rode biet (de)	beetroot	['biːtruːt]
aubergine (de)	eggplant	['egplɑːnt]
courgette (de)	zucchini	[zuːˈkiːnɪ]
pompoen (de)	pumpkin	['pʌmpkɪn]
raap (de)	turnip	['tɜːnɪp]

peterselie (de)	parsley	['pɑːslɪ]
dille (de)	dill	[dɪl]
sla (de)	lettuce	['letɪs]
selderij (de)	celery	['selərɪ]
asperge (de)	asparagus	[ə'spærəgəs]
spinazie (de)	spinach	['spɪnɪdʒ]

erwt (de)	pea	[piː]
bonen (mv.)	beans	[biːnz]
maïs (de)	corn	[kɔːn]
boon (de)	kidney bean	['kɪdnɪ biːn]

peper (de)	pepper	['pepə(r)]
radijs (de)	radish	['rædɪʃ]
artisjok (de)	artichoke	['ɑːtɪʃəʊk]

44. Vruchten. Noten

vrucht (de)	fruit	[fruːt]
appel (de)	apple	['æpəl]
peer (de)	pear	[peə(r)]
citroen (de)	lemon	['lemən]
sinaasappel (de)	orange	['ɒrɪndʒ]
aardbei (de)	strawberry	['strɔːbərɪ]

mandarijn (de)	mandarin	['mændərɪn]
pruim (de)	plum	[plʌm]
perzik (de)	peach	[piːtʃ]
abrikoos (de)	apricot	['eɪprɪkɒt]
framboos (de)	raspberry	['rɑːzbərɪ]
ananas (de)	pineapple	['paɪnˌæpəl]

banaan (de)	banana	[bə'nɑːnə]
watermeloen (de)	watermelon	['wɔːtəˌmelən]
druif (de)	grape	[greɪp]
meloen (de)	melon	['melən]

| grapefruit (de) | grapefruit | ['greɪpfruːt] |
| avocado (de) | avocado | [ˌævə'kɑːdəʊ] |

papaja (de)	papaya	[pə'paɪə]
mango (de)	mango	['mæŋgəʊ]
granaatappel (de)	pomegranate	['pɒmɪ,grænɪt]

rode bes (de)	redcurrant	['redkʌrənt]
zwarte bes (de)	blackcurrant	[,blæk'kʌrənt]
kruisbes (de)	gooseberry	['gʊzbərɪ]
bosbes (de)	bilberry	['bɪlbərɪ]
braambes (de)	blackberry	['blækbərɪ]

rozijn (de)	raisin	['reɪzən]
vijg (de)	fig	[fɪg]
dadel (de)	date	[deɪt]

pinda (de)	peanut	['pi:nʌt]
amandel (de)	almond	['ɑ:mənd]
walnoot (de)	walnut	['wɔ:lnʌt]
hazelnoot (de)	hazelnut	['heɪzəlnʌt]
kokosnoot (de)	coconut	['kəʊkənʌt]
pistaches (mv.)	pistachios	[pɪ'stɑ:ʃɪəʊs]

45. Brood. Snoep

suikerbakkerij (de)	confectionery	[kən'fekʃənərɪ]
brood (het)	bread	[bred]
koekje (het)	cookies	['kʊkɪz]

chocolade (de)	chocolate	['tʃɒkələt]
chocolade- (abn)	chocolate	['tʃɒkələt]
snoepje (het)	candy	['kændɪ]
cakeje (het)	cake	[keɪk]
taart (bijv. verjaardags~)	cake	[keɪk]

pastei (de)	pie	[paɪ]
vulling (de)	filling	['fɪlɪŋ]

confituur (de)	jam	[dʒæm]
marmelade (de)	marmalade	['mɑ:məleɪd]
wafel (de)	waffle	['wɒfəl]
IJsje (het)	ice-cream	[aɪs kri:m]
pudding (de)	pudding	['pʊdɪŋ]

46. Bereide gerechten

gerecht (het)	course, dish	[kɔ:s], [dɪʃ]
keuken (bijv. Franse ~)	cuisine	[kwɪ'zi:n]
recept (het)	recipe	['resɪpɪ]
portie (de)	portion	['pɔ:ʃən]

salade (de)	salad	['sæləd]
soep (de)	soup	[su:p]
bouillon (de)	clear soup	[,klɪə 'su:p]

| boterham (de) | sandwich | [ˈsænwɪdʒ] |
| spiegelei (het) | fried eggs | [ˈfraɪd ˌegz] |

hamburger (de)	cutlet	[ˈkʌtlɪt]
hamburger (de)	hamburger	[ˈhæmbɜːgə(r)]
biefstuk (de)	steak	[steɪk]
hutspot (de)	stew	[stjuː]

garnering (de)	side dish	[saɪd dɪʃ]
spaghetti (de)	spaghetti	[spəˈgetɪ]
aardappelpuree (de)	mashed potatoes	[mæʃt pəˈteɪtəʊz]
pizza (de)	pizza	[ˈpiːtsə]
pap (de)	porridge	[ˈpɒrɪdʒ]
omelet (de)	omelet	[ˈɒmlɪt]

gekookt (in water)	boiled	[ˈbɔɪld]
gerookt (bn)	smoked	[sməʊkt]
gebakken (bn)	fried	[fraɪd]
gedroogd (bn)	dried	[draɪd]
diepvries (bn)	frozen	[ˈfrəʊzən]
gemarineerd (bn)	pickled	[ˈpɪkəld]

zoet (bn)	sweet	[swiːt]
gezouten (bn)	salty	[ˈsɔːltɪ]
koud (bn)	cold	[kəʊld]
heet (bn)	hot	[hɒt]
bitter (bn)	bitter	[ˈbɪtə(r)]
lekker (bn)	tasty	[ˈteɪstɪ]

koken (in kokend water)	to cook in boiling water	[tə kʊk in ˈbɔɪlɪŋ ˈwɔːtə]
bereiden (avondmaaltijd ~)	to cook (vt)	[tə kʊk]
bakken (ww)	to fry (vt)	[tə fraɪ]
opwarmen (ww)	to heat up	[tə hiːt ʌp]

zouten (ww)	to salt (vt)	[tə sɔːlt]
peperen (ww)	to pepper (vt)	[tə ˈpepə(r)]
raspen (ww)	to grate (vt)	[tə greɪt]
schil (de)	peel	[piːl]
schillen (ww)	to peel (vt)	[tə piːl]

47. Kruiden

zout (het)	salt	[sɔːlt]
gezouten (bn)	salty	[ˈsɔːltɪ]
zouten (ww)	to salt (vt)	[tə sɔːlt]

zwarte peper (de)	black pepper	[blæk ˈpepə(r)]
rode peper (de)	red pepper	[red ˈpepə(r)]
mosterd (de)	mustard	[ˈmʌstəd]
mierikswortel (de)	horseradish	[ˈhɔːsˌrædɪʃ]

condiment (het)	condiment	[ˈkɒndɪmənt]
specerij , kruiderij (de)	spice	[spaɪs]
saus (de)	sauce	[sɔːs]

azijn (de)	**vinegar**	['vɪnɪgə(r)]
anijs (de)	**anise**	['ænɪs]
basilicum (de)	**basil**	['beɪzəl]
kruidnagel (de)	**cloves**	[kləʊvz]
gember (de)	**ginger**	['dʒɪndʒə(r)]
koriander (de)	**coriander**	[ˌkɒrɪ'ændə(r)]
kaneel (de/het)	**cinnamon**	['sɪnəmən]
sesamzaad (het)	**sesame**	['sesəmɪ]
laurierblad (het)	**bay leaf**	[beɪ liːf]
paprika (de)	**paprika**	['pæprɪkə]
komijn (de)	**caraway**	['kærəweɪ]
saffraan (de)	**saffron**	['sæfrən]

48. Maaltijden

eten (het)	**food**	[fuːd]
eten (ww)	**to eat** (vi, vt)	[tə iːt]
ontbijt (het)	**breakfast**	['brekfəst]
ontbijten (ww)	**to have breakfast**	[tə hæv 'brekfəst]
lunch (de)	**lunch**	[lʌntʃ]
lunchen (ww)	**to have lunch**	[tə hæv lʌntʃ]
avondeten (het)	**dinner**	['dɪnə(r)]
souperen (ww)	**to have dinner**	[tə hæv 'dɪnə(r)]
eetlust (de)	**appetite**	['æpɪtaɪt]
Eet smakelijk!	**Enjoy your meal!**	[ɪn'dʒɔɪ jɔː ˌmiːl]
openen (een fles ~)	**to open** (vt)	[tə 'əʊpən]
morsen (koffie, enz.)	**to spill** (vt)	[tə spɪl]
zijn gemorst	**to spill out** (vi)	[tə spɪl aʊt]
koken (water kookt bij 100°C)	**to boil** (vi)	[tə bɔɪl]
koken (Hoe om water te ~)	**to boil** (vt)	[tə bɔɪl]
gekookt (~ water)	**boiled**	['bɔɪld]
afkoelen (koeler maken)	**to chill, cool down** (vt)	[tə tʃɪl], [kuːl daʊn]
afkoelen (koeler worden)	**to chill** (vi)	[tə tʃɪl]
smaak (de)	**taste, flavor**	[teɪst], ['fleɪvə(r)]
nasmaak (de)	**aftertaste**	['ɑːftəteɪst]
volgen een dieet	**to slim down**	[tə slɪm daʊn]
dieet (het)	**diet**	['daɪət]
vitamine (de)	**vitamin**	['vaɪtəmɪn]
calorie (de)	**calorie**	['kælərɪ]
vegetariër (de)	**vegetarian**	[ˌvedʒɪ'teərɪən]
vegetarisch (bn)	**vegetarian**	[ˌvedʒɪ'teərɪən]
vetten (mv.)	**fats**	[fæts]
eiwitten (mv.)	**proteins**	['prəʊtiːnz]
koolhydraten (mv.)	**carbohydrates**	[ˌkɑːbəʊ'haɪdreɪts]
snede (de)	**slice**	[slaɪs]
stuk (bijv. een ~ taart)	**piece**	[piːs]
kruimel (de)	**crumb**	[krʌm]

49. Tafelschikking

lepel (de)	**spoon**	[spu:n]
mes (het)	**knife**	[naɪf]
vork (de)	**fork**	[fɔːk]
kopje (het)	**cup**	[kʌp]
bord (het)	**plate**	[pleɪt]
schoteltje (het)	**saucer**	['sɔːsə(r)]
servet (het)	**napkin**	['næpkɪn]
tandenstoker (de)	**toothpick**	['tu:θpɪk]

50. Restaurant

restaurant (het)	**restaurant**	['restrɒnt]
koffiehuis (het)	**coffee house**	['kɒfɪ ˌhaʊs]
bar (de)	**pub, bar**	[pʌb], [bɑː(r)]
tearoom (de)	**tearoom**	['tiːrʊm]
kelner, ober (de)	**waiter**	['weɪtə(r)]
serveerster (de)	**waitress**	['weɪtrɪs]
barman (de)	**bartender**	['bɑːrˌtendə(r)]
menu (het)	**menu**	['menju:]
wijnkaart (de)	**wine list**	['waɪn lɪst]
een tafel reserveren	**to book a table**	[tə bʊk ə 'teɪbəl]
gerecht (het)	**course, dish**	[kɔːs], [dɪʃ]
bestellen (eten ~)	**to order** (vi, vt)	[tə 'ɔːdə(r)]
een bestelling maken	**to make an order**	[tə meɪk ən 'ɔːdə(r)]
aperitief (de/het)	**aperitif**	[əperə'tiːf]
voorgerecht (het)	**appetizer**	['æpɪtaɪzə(r)]
dessert (het)	**dessert**	[dɪ'zɜːt]
rekening (de)	**check**	[tʃek]
de rekening betalen	**to pay the check**	[tə peɪ ðə tʃek]
wisselgeld teruggeven	**to give change**	[tə gɪv 'tʃeɪndʒ]
fooi (de)	**tip**	[tɪp]

Familie, verwanten en vrienden

51. Persoonlijke informatie. Formulieren

naam (de)	name, first name	[neɪm], [ˈfɜːstˌneɪm]
achternaam (de)	family name	[ˈfæmlɪ ˌneɪm]
geboortedatum (de)	date of birth	[deɪt əv bɜːθ]
geboorteplaats (de)	place of birth	[ˌpleɪs əv ˈbɜːθ]
nationaliteit (de)	nationality	[ˌnæʃəˈnælətɪ]
woonplaats (de)	place of residence	[ˌpleɪs əv ˈrezɪdəns]
land (het)	country	[ˈkʌntrɪ]
beroep (het)	profession	[prəˈfeʃən]
geslacht (ov. het vrouwelijk ~)	gender, sex	[ˈdʒendə(r)], [seks]
lengte (de)	height	[haɪt]
gewicht (het)	weight	[weɪt]

52. Familieleden. Verwanten

moeder (de)	mother	[ˈmʌðə(r)]
vader (de)	father	[ˈfɑːðə(r)]
zoon (de)	son	[sʌn]
dochter (de)	daughter	[ˈdɔːtə(r)]
jongste dochter (de)	younger daughter	[jʌŋgə ˈdɔːtə(r)]
jongste zoon (de)	younger son	[jʌŋgə ˈsʌn]
oudste dochter (de)	eldest daughter	[ˈeldɪst ˈdɔːtə(r)]
oudste zoon (de)	eldest son	[ˈeldɪst sʌn]
broer (de)	brother	[ˈbrʌðə(r)]
zuster (de)	sister	[ˈsɪstə(r)]
neef (zoon van oom/tante)	cousin	[ˈkʌzən]
nicht (dochter van oom/tante)	cousin	[ˈkʌzən]
mama (de)	mom	[mɒm]
papa (de)	dad, daddy	[dæd], [ˈdædɪ]
ouders (mv.)	parents	[ˈpeərənts]
kind (het)	child	[tʃaɪld]
kinderen (mv.)	children	[ˈtʃɪldrən]
oma (de)	grandmother	[ˈgrænˌmʌðə(r)]
opa (de)	grandfather	[ˈgrændˌfɑːðə(r)]
kleinzoon (de)	grandson	[ˈgrænsʌn]
kleindochter (de)	granddaughter	[ˈgrænˌdɔːtə(r)]
kleinkinderen (mv.)	grandchildren	[ˈgrænˌtʃɪldrən]
oom (de)	uncle	[ˈʌŋkəl]

tante (de)	aunt	[ɑːnt]
neef (zoon van broer/zus)	nephew	['nefjuː]
nicht (dochter van broer/zus)	niece	[niːs]

schoonmoeder (de)	mother-in-law	['mʌðər ɪn 'lɔː]
schoonvader (de)	father-in-law	['fɑːðə ɪn ˌlɔː]
schoonzoon (de)	son-in-law	['sʌn ɪn ˌlɔː]
stiefmoeder (de)	stepmother	['stepˌmʌðə(r)]
stiefvader (de)	stepfather	['stepˌfɑːðə(r)]

zuigeling (de)	infant	['ɪnfənt]
wiegenkind (het)	baby	['beɪbɪ]
kleuter (de)	little boy	['lɪtəl ˌbɔɪ]

vrouw (de)	wife	[waɪf]
man (de)	husband	['hʌzbənd]

gehuwd (mann.)	married	['mærɪd]
gehuwd (vrouw.)	married	['mærɪd]
ongehuwd (mann.)	single	['sɪŋɡəl]
vrijgezel (de)	bachelor	['bætʃələ(r)]
gescheiden (bn)	divorced	[dɪ'vɔːst]
weduwe (de)	widow	['wɪdəʊ]
weduwnaar (de)	widower	['wɪdəʊə(r)]

familielid (het)	relative	['relətɪv]
dichte familielid (het)	close relative	[ˌkləʊs 'relətɪv]
verre familielid (het)	distant relative	['dɪstənt 'relətɪv]
familieleden (mv.)	relatives	['relətɪvz]

wees (de), weeskind (het)	orphan	['ɔːfən]
voogd (de)	guardian	['ɡɑːdjən]
adopteren (een jongen te ~)	to adopt (vt)	[tə ə'dɒpt]
adopteren (een meisje te ~)	to adopt (vt)	[tə ə'dɒpt]

53. Vrienden. Collega's

vriend (de)	friend	[frend]
vriendin (de)	friend, girlfriend	[frend], ['ɡɜːlfrend]
vriendschap (de)	friendship	['frendʃɪp]
bevriend zijn (ww)	to be friends	[tə bi frendz]

makker (de)	buddy	['bʌdɪ]
vriendin (de)	buddy	['bʌdɪ]
partner (de)	partner	['pɑːtnə(r)]

chef (de)	chief	[tʃiːf]
baas (de)	boss, superior	[bɒs], [suː'pɪərɪə(r)]
ondergeschikte (de)	subordinate	[sə'bɔːdɪnət]
collega (de)	colleague	['kɒliːɡ]

kennis (de)	acquaintance	[ə'kweɪntəns]
medereiziger (de)	fellow traveler	['feləʊ 'trævələ(r)]
klasgenoot (de)	classmate	['klɑːsmeɪt]

buurman (de)	neighbor	['neɪbə(r)]
buurvrouw (de)	neighbor	['neɪbə(r)]
buren (mv.)	neighbors	['neɪbəz]

54. Man. Vrouw

vrouw (de)	woman	['wʊmən]
meisje (het)	girl, young woman	[gɜːl], [jʌŋ 'wʊmən]
bruid (de)	bride, fiancée	[braɪd], [fɪ'ɒnseɪ]

mooi(e) (vrouw, meisje)	beautiful	['bjuːtɪfʊl]
groot, grote (vrouw, meisje)	tall	[tɔːl]
slank(e) (vrouw, meisje)	slender	['slendə(r)]
korte, kleine (vrouw, meisje)	short	[ʃɔːt]

| blondine (de) | blonde | [blɒnd] |
| brunette (de) | brunette | [bruː'net] |

dames- (abn)	ladies'	['leɪdɪz]
maagd (de)	virgin	['vɜːdʒɪn]
zwanger (bn)	pregnant	['pregnənt]

man (de)	man	[mæn]
blonde man (de)	blond	[blɒnd]
bruinharige man (de)	brunet	[bruː'net]
groot (bn)	tall	[tɔːl]
klein (bn)	short	[ʃɔːt]

onbeleefd (bn)	rude	[ruːd]
gedrongen (bn)	stocky	['stɒkɪ]
robuust (bn)	robust	[rəʊ'bʌst]
sterk (bn)	strong	[strɒŋ]
sterkte (de)	strength	[streŋθ]

mollig (bn)	stout, fat	[staʊt], [fæt]
getaand (bn)	swarthy	['swɔːðɪ]
slank (bn)	well-built	[wel bɪlt]
elegant (bn)	elegant	['elɪgənt]

55. Leeftijd

leeftijd (de)	age	[eɪdʒ]
jeugd (de)	youth	[juːθ]
jong (bn)	young	[jʌŋ]

| jonger (bn) | younger | ['jʌŋgə(r)] |
| ouder (bn) | older | [əʊldə] |

jongen (de)	young man	[jʌŋ mæn]
kerel (de)	guy, fellow	[gaɪ], ['feləʊ]
oude man (de)	old man	['əʊld ˌmæn]
oude vrouw (de)	old woman	['əʊld ˌwʊmən]

volwassen (bn)	adult	[æd'ʌlt]
van middelbare leeftijd (bn)	middle-aged	[ˌmɪdl 'eɪdʒd]
bejaard (bn)	elderly	['eldəlɪ]
oud (bn)	old	[əʊld]

| met pensioen gaan | to retire (vi) | [tə rɪ'taɪə(r)] |
| gepensioneerde (de) | retiree | [ˌrɪtaɪə'ri:] |

56. Kinderen

kind (het)	child	[tʃaɪld]
kinderen (mv.)	children	['tʃɪldrən]
tweeling (de)	twins	[twɪnz]

wieg (de)	cradle	['kreɪdəl]
rammelaar (de)	rattle	['rætəl]
luier (de)	diaper	['daɪəpə(r)]

speen (de)	pacifier	['pæsɪfaɪə(r)]
kinderwagen (de)	baby carriage	['beɪbɪ 'kærɪdʒ]
kleuterschool (de)	kindergarten	['kɪndəˌgɑːtən]
babysitter (de)	babysitter	['beɪbɪ 'sɪtə(r)]

kindertijd (de)	childhood	['tʃaɪldhʊd]
pop (de)	doll	[dɒl]
speelgoed (het)	toy	[tɔɪ]
bouwspeelgoed (het)	construction set	[kən'strʌkʃən set]

welopgevoed (bn)	well-bred	[wel bred]
onopgevoed (bn)	ill-bred	['ɪlˌbred]
verwend (bn)	spoiled	[spɔɪlt]

stout zijn (ww)	to be naughty	[tə bi 'nɔːtɪ]
stout (bn)	mischievous	['mɪstʃɪvəs]
stoutheid (de)	mischievousness	['mɪstʃɪvəsnɪs]
stouterd (de)	mischievous child	['mɪstʃɪvəs tʃaɪld]

| gehoorzaam (bn) | obedient | [ə'biːdjənt] |
| ongehoorzaam (bn) | disobedient | [ˌdɪsə'biːdjənt] |

braaf (bn)	docile	['dɒsəl]
slim (verstandig)	clever	['klevə(r)]
wonderkind (het)	child prodigy	[ˌtʃaɪld 'prɒdɪdʒɪ]

57. Gehuwde paren. Gezinsleven

kussen (een kus geven)	to kiss (vt)	[tə kɪs]
elkaar kussen (ww)	to kiss (vi)	[tə kɪs]
gezin (het)	family	['fæmlɪ]
gezins- (abn)	family	['fæmlɪ]
paar (het)	couple	['kʌpəl]
huwelijk (het)	marriage	['mærɪdʒ]

thuis (het)	hearth	[hɑ:θ]
dynastie (de)	dynasty	['daɪnəstɪ]

date (de)	date	[deɪt]
zoen (de)	kiss	[kɪs]

liefde (de)	love	[lʌv]
liefhebben (ww)	to love (vt)	[tə lʌv]
geliefde (bn)	beloved	[bɪ'lʌvd]

tederheid (de)	tenderness	['tendənɪs]
teder (bn)	tender	['tendə(r)]
trouw (de)	faithfulness	['feɪθfʊlnɪs]
trouw (bn)	faithful	['feɪθfʊl]

jonggehuwden (mv.)	newlyweds	['nju:lɪwedz]
wittebroodsweken (mv.)	honeymoon	['hʌnɪmu:n]
trouwen (vrouw)	to get married	[tə get 'mærɪd]
trouwen (man)	to get married	[tə get 'mærɪd]

bruiloft (de)	wedding	['wedɪŋ]
gouden bruiloft (de)	golden wedding	['gəʊldən 'wedɪŋ]
verjaardag (de)	anniversary	[ænɪ'vɜ:sərɪ]

minnaar (de)	lover	['lʌvə(r)]
minnares (de)	mistress	['mɪstrɪs]

overspel (het)	adultery	[ə'dʌltərɪ]
overspel plegen (ww)	to cheat on ...	[tə tʃi:t ɒn]
jaloers (bn)	jealous	['dʒeləs]
jaloers zijn (echtgenoot, enz.)	to be jealous	[tə bi 'dʒeləs]
echtscheiding (de)	divorce	[dɪ'vɔ:s]
scheiden (ww)	to divorce (vi)	[tə dɪ'vɔ:s]

ruzie hebben (ww)	to quarrel (vi)	[tə 'kwɒrəl]
vrede sluiten (ww)	to be reconciled	[tə bi: 'rekənsaɪld]
samen (bw)	together	[tə'geðə(r)]
seks (de)	sex	[seks]

geluk (het)	happiness	['hæpɪnɪs]
gelukkig (bn)	happy	['hæpɪ]
ongeluk (het)	misfortune	[ˌmɪs'fɔ:tʃu:n]
ongelukkig (bn)	unhappy	[ʌn'hæpɪ]

Karakter. Gevoelens. Emoties

58. Gevoelens. Emoties

gevoel (het)	**feeling**	['fi:lɪŋ]
gevoelens (mv.)	**feelings**	['fi:lɪŋz]
voelen (ww)	**to feel** (vt)	[tə fi:l]
honger (de)	**hunger**	['hʌŋgə(r)]
honger hebben (ww)	**to be hungry**	[tə bi 'hʌŋgrɪ]
dorst (de)	**thirst**	[θɜ:st]
dorst hebben	**to be thirsty**	[tə bi 'θɜ:stɪ]
slaperigheid (de)	**sleepiness**	['sli:pɪnɪs]
willen slapen	**to feel sleepy**	[tə fi:l 'sli:pɪ]
moeheid (de)	**tiredness**	['taɪədnɪs]
moe (bn)	**tired**	['taɪəd]
vermoeid raken (ww)	**to get tired**	[tə get 'taɪəd]
stemming (de)	**mood**	[mu:d]
verveling (de)	**boredom**	['bɔ:dəm]
zich vervelen (ww)	**to be bored**	[tə bi bɔ:d]
afzondering (de)	**seclusion**	[sɪ'klu:ʒən]
zich afzonderen (ww)	**to seclude oneself**	[tə sɪ'klu:d wʌn'self]
bezorgd maken (ww)	**to worry** (vt)	[tə 'wʌrɪ]
zich bezorgd maken	**to be worried**	[tə bi 'wʌrɪd]
zorg (bijv. geld~en)	**anxiety**	[æŋ'zaɪətɪ]
ongerust (bn)	**preoccupied**	[,pri:'ɒkjʊpaɪd]
zenuwachtig zijn (ww)	**to be nervous**	[tə bi 'nɜ:vəs]
in paniek raken	**to panic** (vi)	[tə 'pænɪk]
hoop (de)	**hope**	[həʊp]
hopen (ww)	**to hope** (vi, vt)	[tə həʊp]
zekerheid (de)	**certainty**	['sɜ:təntɪ]
zeker (bn)	**certain, sure**	['sɜ:tən], [ʃʊə(r)]
onzekerheid (de)	**uncertainty**	[,ʌn'sɜ:təntɪ]
onzeker (bn)	**uncertain**	[,ʌn'sɜ:tən]
dronken (bn)	**drunk**	[drʌŋk]
nuchter (bn)	**sober**	['səʊbə(r)]
zwak (bn)	**weak**	[wi:k]
gelukkig (bn)	**happy**	['hæpɪ]
doen schrikken (ww)	**to scare** (vt)	[tə skeə(r)]
woede (de)	**rage**	[reɪdʒ]
depressie (de)	**depression**	[dɪ'preʃən]
ongemak (het)	**discomfort**	[dɪs'kʌmfət]
gemak, comfort (het)	**comfort**	['kʌmfət]

spijt hebben (ww)	to regret (vi)	[tə rɪ'gret]
spijt (de)	regret	[rɪ'gret]
pech (de)	bad luck	[bæd lʌk]
bedroefdheid (de)	sadness	['sædnɪs]

schaamte (de)	shame	[ʃeɪm]
pret (de), plezier (het)	gladness	['glædnɪs]
enthousiasme (het)	enthusiasm	[ɪn'θjuːzɪæzəm]
enthousiasteling (de)	enthusiast	[ɪn'θjuːzɪæst]
enthousiasme vertonen	to show enthusiasm	[tə ʃəʊ ɪn'θjuːzɪæzəm]

59. Karakter. Persoonlijkheid

karakter (het)	character	['kærəktə(r)]
karakterfout (de)	character flaw	['kærəktə flɔː]
rede (de)	reason	['riːzən]

geweten (het)	conscience	['kɒnʃəns]
gewoonte (de)	habit	['hæbɪt]
bekwaamheid (de)	ability	[ə'bɪlətɪ]
kunnen (bijv., ~ zwemmen)	can (v aux)	[kæn]

geduldig (bn)	patient	['peɪʃənt]
ongeduldig (bn)	impatient	[ɪm'peɪʃənt]
nieuwsgierig (bn)	curious	['kjʊərɪəs]
nieuwsgierigheid (de)	curiosity	[kjʊərɪ'ɒsətɪ]

bescheidenheid (de)	modesty	['mɒdɪstɪ]
bescheiden (bn)	modest	['mɒdɪst]
onbescheiden (bn)	immodest	[ɪ'mɒdɪst]

| lui (bn) | lazy | ['leɪzɪ] |
| luiwammes (de) | lazy person | [ˌleɪzɪ 'pɜːsən] |

sluwheid (de)	cunning	['kʌnɪŋ]
sluw (bn)	cunning	['kʌnɪŋ]
wantrouwen (het)	distrust	[dɪs'trʌst]
wantrouwig (bn)	distrustful	[dɪs'trʌstfʊl]

gulheid (de)	generosity	[dʒenə'rɒsətɪ]
gul (bn)	generous	['dʒenərəs]
talentrijk (bn)	talented	['tæləntɪd]
talent (het)	talent	['tælənt]

moedig (bn)	courageous	[kə'reɪdʒəs]
moed (de)	courage	['kʌrɪdʒ]
eerlijk (bn)	honest	['ɒnɪst]
eerlijkheid (de)	honesty	['ɒnɪstɪ]

voorzichtig (bn)	careful	['keəfʊl]
manhaftig (bn)	courageous	[kə'reɪdʒəs]
ernstig (bn)	serious	['sɪərɪəs]
streng (bn)	strict	[strɪkt]
resoluut (bn)	decisive	[dɪ'saɪsɪv]

onzeker, irresoluut (bn)	indecisive	[ˌɪndɪ'saɪsɪv]
schuchter (bn)	shy, timid	[ʃaɪ], ['tɪmɪd]
schuchterheid (de)	shyness, timidity	['ʃaɪnɪs], [tɪ'mɪdətɪ]

vertrouwen (het)	confidence	['kɒnfɪdəns]
vertrouwen (ww)	to believe, to trust	[tə bɪ'liːv], [tə trʌst]
goedgelovig (bn)	trusting, naïve	['trʌstɪŋ], [naɪ'iːv]

oprecht (bw)	sincerely	[sɪn'sɪəlɪ]
oprecht (bn)	sincere	[sɪn'sɪə(r)]
oprechtheid (de)	sincerity	[sɪn'serətɪ]

rustig (bn)	calm	[kɑːm]
openhartig (bn)	frank	[fræŋk]
naïef (bn)	naïve, naive	[naɪ'iːv]
verstrooid (bn)	absent-minded	['æbsənt 'maɪndɪd]
leuk, grappig (bn)	funny	['fʌnɪ]

gierigheid (de)	greed	[griːd]
gierig (bn)	greedy	['griːdɪ]
kwaad (bn)	evil	['iːvəl]
koppig (bn)	stubborn	['stʌbən]
onaangenaam (bn)	unpleasant	[ʌn'plezənt]

egoïst (de)	selfish person	['selfɪʃ 'pɜːsən]
egoïstisch (bn)	selfish	['selfɪʃ]
lafaard (de)	coward	['kaʊəd]
laf (bn)	cowardly	['kaʊədlɪ]

60. Slaap. Dromen

slapen (ww)	to sleep (vi)	[tə sliːp]
slaap (in ~ vallen)	sleep, sleeping	[sliːp], [sliːpɪŋ]
droom (de)	dream	[driːm]
dromen (in de slaap)	to dream (vi)	[tə driːm]
slaperig (bn)	sleepy	['sliːpɪ]

bed (het)	bed	[bed]
matras (de)	mattress	['mætrɪs]
deken (de)	blanket	['blæŋkɪt]
kussen (het)	pillow	['pɪləʊ]
laken (het)	sheet	[ʃiːt]

slapeloosheid (de)	insomnia	[ɪn'sɒmnɪə]
slapeloos (bn)	sleepless	['sliːplɪs]
slaapmiddel (het)	sleeping pill	['sliːpɪŋ pɪl]
slaapmiddel innemen	to take a sleeping pill	[tə ˌteɪk ə 'sliːpɪŋ pɪl]

willen slapen	to feel sleepy	[tə fiːl 'sliːpɪ]
geeuwen (ww)	to yawn (vi)	[tə jɔːn]
gaan slapen	to go to bed	[tə gəʊ tə bed]
het bed opmaken	to make up the bed	[tə 'meɪk ʌp ðə ˌbed]
inslapen (ww)	to fall asleep	[tə fɔːl ə'sliːp]
nachtmerrie (de)	nightmare	['naɪtmeə(r)]

gesnurk (het)	**snore, snoring**	[snɔ:(r)], ['snɔ:rɪŋ]
snurken (ww)	**to snore** (vi)	[tə snɔ:(r)]

wekker (de)	**alarm clock**	[ə'lɑ:m klɒk]
wekken (ww)	**to wake** (vt)	[tə weɪk]
wakker worden (ww)	**to wake up**	[tə weɪk ʌp]
opstaan (ww)	**to get up**	[tə get ʌp]
zich wassen (ww)	**to wash up**	[tə wɒʃ ʌp]

61. Humor. Gelach. Blijdschap

humor (de)	**humor**	['hju:mə(r)]
gevoel (het) voor humor	**sense of humor**	[sens əv 'hju:mə(r)]
plezier hebben (ww)	**to enjoy oneself**	[tə ɪn'dʒɔɪ wʌn'self]
vrolijk (bn)	**cheerful**	['tʃɪəfʊl]
pret (de), plezier (het)	**merriment, fun**	['merɪmənt], [fʌn]

glimlach (de)	**smile**	[smaɪl]
glimlachen (ww)	**to smile** (vi)	[tə smaɪl]
beginnen te lachen (ww)	**to start laughing**	[tə stɑ:t 'lɑ:fɪŋ]
lachen (ww)	**to laugh** (vi)	[tə lɑ:f]
lach (de)	**laugh, laughter**	[lɑ:f], ['lɑ:ftə]

mop (de)	**anecdote**	['ænɪkdəʊt]
grappig (een ~ verhaal)	**funny**	['fʌnɪ]
grappig (~e clown)	**funny**	['fʌnɪ]

grappen maken (ww)	**to joke** (vi)	[tə dʒəʊk]
grap (de)	**joke**	[dʒəʊk]
blijheid (de)	**joy**	[dʒɔɪ]
blij zijn (ww)	**to rejoice** (vi)	[tə rɪ'dʒɔɪs]
blij (bn)	**joyful**	['dʒɔɪfʊl]

62. Discussie, conversatie. Deel 1

communicatie (de)	**communication**	[kə,mju:nɪ'keɪʃən]
communiceren (ww)	**to communicate** (vi)	[tə kə'mju:nɪkeɪt]

conversatie (de)	**conversation**	[,kɒnvə'seɪʃən]
dialoog (de)	**dialog**	['daɪəlɒg]
discussie (de)	**discussion**	[dɪs'kʌʃən]
debat (het)	**debate**	[dɪ'beɪt]
debatteren, twisten (ww)	**to debate** (vi)	[tə dɪ'beɪt]

gesprekspartner (de)	**interlocutor**	[,ɪntə'lɒkjʊtə(r)]
thema (het)	**topic**	['tɒpɪk]
standpunt (het)	**point of view**	['pɔɪnt əv ,vju:]
mening (de)	**opinion**	[ə'pɪnjən]
toespraak (de)	**speech**	[spi:tʃ]

bespreking (de)	**discussion**	[dɪs'kʌʃən]
bespreken (spreken over)	**to discuss** (vt)	[tə dɪs'kʌs]

gesprek (het)	talk	[tɔːk]
spreken (converseren)	to talk (vi)	[tə ˈtɔːk]
ontmoeting (de)	meeting	[ˈmiːtɪŋ]
ontmoeten (ww)	to meet (vi, vt)	[tə miːt]

spreekwoord (het)	proverb	[ˈprɒvɜːb]
gezegde (het)	saying	[ˈseɪɪŋ]
raadsel (het)	riddle	[ˈrɪdəl]
een raadsel opgeven	to pose a riddle	[tə pəʊz ə ˈrɪdəl]
wachtwoord (het)	password	[ˈpɑːswɜːd]
geheim (het)	secret	[ˈsiːkrɪt]

eed (de)	oath	[əʊθ]
zweren (een eed doen)	to swear (vi, vt)	[tə sweə(r)]
belofte (de)	promise	[ˈprɒmɪs]
beloven (ww)	to promise (vt)	[tə ˈprɒmɪs]

advies (het)	advice	[ədˈvaɪs]
adviseren (ww)	to advise (vt)	[tə ədˈvaɪz]
advies volgen (iemands ~)	to follow one's advice	[tə ˈfɒləʊ wʌns ədˈvaɪs]

nieuws (het)	news	[njuːz]
sensatie (de)	sensation	[senˈseɪʃən]
informatie (de)	information	[ˌɪnfəˈmeɪʃən]
conclusie (de)	conclusion	[kənˈkluːʒən]
stem (de)	voice	[vɔɪs]
compliment (het)	compliment	[ˈkɒmplɪmənt]
vriendelijk (bn)	kind	[kaɪnd]

woord (het)	word	[wɜːd]
zin (de), zinsdeel (het)	phrase	[freɪz]
antwoord (het)	answer	[ˈɑːnsə(r)]

waarheid (de)	truth	[truːθ]
leugen (de)	lie	[laɪ]

gedachte (de)	thought	[θɔːt]
idee (de/het)	idea	[aɪˈdɪə]
fantasie (de)	fantasy	[ˈfæntəsɪ]

63. Discussie, conversatie. Deel 2

gerespecteerd (bn)	respected	[rɪˈspektɪd]
respecteren (ww)	to respect (vt)	[tə rɪˈspekt]
respect (het)	respect	[rɪˈspekt]
Geachte ... (brief)	Dear ...	[dɪə(r)]

voorstellen (Mag ik jullie ~)	to introduce (vt)	[tə ˌɪntrəˈdjuːs]
kennismaken (met ...)	to make acquaintance	[tə meɪk əˈkweɪntəns]

intentie (de)	intention	[ɪnˈtenʃən]
intentie hebben (ww)	to intend (vi)	[tu ɪnˈtend]
wens (de)	wish	[wɪʃ]
wensen (ww)	to wish (vt)	[tə wɪʃ]

verbazing (de)	**surprise**	[sə'praɪz]
verbazen (verwonderen)	**to surprise** (vt)	[tə sə'praɪz]
verbaasd zijn (ww)	**to be surprised**	[tə bi sə'praɪzd]
geven (ww)	**to give** (vt)	[tə gɪv]
nemen (ww)	**to take** (vt)	[tə teɪk]
teruggeven (ww)	**to give back**	[tə͵gɪv bæk]
retourneren (ww)	**to return** (vt)	[tə rɪ'tɜːn]
zich verontschuldigen	**to apologize** (vi)	[tə ə'pɒlədʒaɪz]
verontschuldiging (de)	**apology**	[ə'pɒlədʒɪ]
vergeven (ww)	**to forgive** (vt)	[tə fə'gɪv]
spreken (ww)	**to talk** (vi)	[tə 'tɔːk]
luisteren (ww)	**to listen** (vi)	[tə 'lɪsən]
aanhoren (ww)	**to hear ... out**	[tə hɪə ... aʊt]
begrijpen (ww)	**to understand** (vt)	[tə͵ʌndə'stænd]
tonen (ww)	**to show** (vt)	[tə ʃəʊ]
kijken naar ...	**to look at ...**	[tə lʊk æt]
roepen (vragen te komen)	**to call** (vt)	[tə kɔːl]
afleiden (storen)	**to distract** (vt)	[tə dɪ'strækt]
storen (lastigvallen)	**to disturb** (vt)	[tə dɪ'stɜːb]
doorgeven (ww)	**to pass** (vt)	[tə pɑːs]
verzoek (het)	**demand**	[dɪ'mɑːnd]
verzoeken (ww)	**to request** (vt)	[tə rɪ'kwest]
eis (de)	**demand**	[dɪ'mɑːnd]
eisen (met klem vragen)	**to demand** (vt)	[tə dɪ'mɑːnd]
beledigen	**to tease** (vt)	[tə tiːz]
(beledigende namen geven)		
uitlachen (ww)	**to mock** (vi, vt)	[tə mɒk]
spot (de)	**mockery, derision**	['mɒkərɪ], [dɪ'rɪʒən]
bijnaam (de)	**nickname**	['nɪkneɪm]
zinspeling (de)	**insinuation**	[ɪn͵sɪnjʊ'eɪʃən]
zinspelen (ww)	**to insinuate** (vt)	[tə ɪn'sɪnjʊeɪt]
impliceren (duiden op)	**to mean** (vt)	[tə miːn]
beschrijving (de)	**description**	[dɪ'skrɪpʃən]
beschrijven (ww)	**to describe** (vt)	[tə dɪ'skraɪb]
lof (de)	**praise**	[preɪz]
loven (ww)	**to praise** (vt)	[tə preɪz]
teleurstelling (de)	**disappointment**	[͵dɪsə'pɔɪntmənt]
teleurstellen (ww)	**to disappoint** (vt)	[tə ͵dɪsə'pɔɪnt]
teleurgesteld zijn (ww)	**to be disappointed**	[tə bi ͵dɪsə'pɔɪntɪd]
veronderstelling (de)	**supposition**	[͵sʌpə'zɪʃən]
veronderstellen (ww)	**to suppose** (vt)	[tə sə'pəʊz]
waarschuwing (de)	**warning, caution**	['wɔːnɪŋ], ['kɔːʃən]
waarschuwen (ww)	**to warn** (vt)	[tə wɔːn]

64. Discussie, conversatie. Deel 3

aanpraten (ww)	to talk into	[tə 'tɔːk 'ɪntʊ]
kalmeren (kalm maken)	to calm down (vt)	[tə kɑːm daʊn]
stilte (de)	silence	['saɪləns]
zwijgen (ww)	to be silent	[tə bi 'saɪlənt]
fluisteren (ww)	to whisper (vi, vt)	[tə 'wɪspə(r)]
gefluister (het)	whisper	['wɪspə(r)]
open, eerlijk (bw)	frankly	['fræŋklɪ]
volgens mij ...	in my opinion ...	[ɪn 'maɪ əˌpɪnjən]
detail (het)	detail	[dɪ'teɪl]
gedetailleerd (bn)	detailed	[dɪ'teɪld]
gedetailleerd (bw)	in detail	[ɪn dɪ'teɪl]
hint (de)	hint, clue	[hɪnt], [kluː]
een hint geven	to give a hint	[tə gɪv ə hɪnt]
blik (de)	look	[lʊk]
een kijkje nemen	to have a look	[tə ˌhæv ə 'lʊk]
strak (een ~ke blik)	fixed	[fɪkst]
knipperen (ww)	to blink (vi)	[tə blɪŋk]
knipogen (ww)	to wink (vi)	[tə wɪŋk]
knikken (ww)	to nod (vi)	[tə nɒd]
zucht (de)	sigh	[saɪ]
zuchten (ww)	to sigh (vi)	[tə saɪ]
huiveren (ww)	to shudder (vi)	[tə 'ʃʌdə(r)]
gebaar (het)	gesture	['dʒestʃə(r)]
aanraken (ww)	to touch (vt)	[tə tʌtʃ]
grijpen (ww)	to seize (vt)	[tə siːz]
een schouderklopje geven	to tap (vt)	[tə tæp]
Kijk uit!	Look out!	[lʊk 'aʊt]
Echt?	Really?	['rɪəlɪ]
Succes!	Good luck!	[ˌgʊd 'lʌk]
Juist, ja!	I see!	[aɪ siː]
Wat jammer!	What a pity!	[wɒt ə 'pɪtɪ]

65. Overeenstemming. Weigering

instemming (het)	consent	[kən'sent]
instemmen (akkoord gaan)	to consent (vi)	[tə kən'sent]
goedkeuring (de)	approval	[ə'pruːvəl]
goedkeuren (ww)	to approve (vt)	[tə ə'pruːv]
weigering (de)	refusal	[rɪ'fjuːzəl]
weigeren (ww)	to refuse (vi, vt)	[tə rɪ'fjuːz]
Geweldig!	Great!	[greɪt]
Goed!	All right!	[ˌɔːl 'raɪt]
Akkoord!	Okay!	[ˌəʊ'keɪ]

verboden (bn)	forbidden	[fə'bɪdən]
het is verboden	it's forbidden	[ɪts fə'bɪdən]
onjuist (bn)	incorrect	[ˌɪnkə'rekt]

afwijzen (ww)	to reject (vt)	[tə rɪ'dʒekt]
steunen	to support (vt)	[tə sə'pɔːt]
(een goed doel, enz.)		
aanvaarden (excuses ~)	to accept (vt)	[tə ək'sept]

bevestigen (ww)	to confirm (vt)	[tə kən'fɜːm]
bevestiging (de)	confirmation	[ˌkɒnfə'meɪʃən]
toestemming (de)	permission	[pə'mɪʃən]
toestaan (ww)	to permit (vt)	[tə pə'mɪt]
beslissing (de)	decision	[dɪ'sɪʒən]
z'n mond houden (ww)	to say nothing	[tə seɪ 'nʌθɪŋ]

voorwaarde (de)	condition	[kən'dɪʃən]
smoes (de)	excuse	[ɪk'skjuːs]
lof (de)	praise	[preɪz]
loven (ww)	to praise (vt)	[tə preɪz]

66. Succes. Veel geluk. Mislukking

succes (het)	success	[sək'ses]
succesvol (bw)	successfully	[sək'sesfʊlɪ]
succesvol (bn)	successful	[sək'sesfʊl]
geluk (het)	good luck	[ˌgʊd 'lʌk]
Succes!	Good luck!	[ˌgʊd 'lʌk]
geluks- (bn)	lucky	['lʌkɪ]
gelukkig (fortuinlijk)	lucky	['lʌkɪ]

mislukking (de)	failure	['feɪljə(r)]
tegenslag (de)	misfortune	[ˌmɪs'fɔːtʃuːn]
pech (de)	bad luck	[bæd lʌk]
zonder succes (bn)	unsuccessful	[ˌʌnsək'sesfʊl]
catastrofe (de)	catastrophe	[kə'tæstrəfɪ]

fierheid (de)	pride	[praɪd]
fier (bn)	proud	[praʊd]
fier zijn (ww)	to be proud	[tə bi praʊd]

winnaar (de)	winner	['wɪnə(r)]
winnen (ww)	to win (vi)	[tə wɪn]
verliezen (ww)	to lose (vi)	[tə luːz]
poging (de)	try	[traɪ]
pogen, proberen (ww)	to try (vi)	[tə traɪ]
kans (de)	chance	[tʃɑːns]

67. Ruzies. Negatieve emoties

schreeuw (de)	shout	[ʃaʊt]
schreeuwen (ww)	to shout (vi)	[tə ʃaʊt]

beginnen te schreeuwen	to start to cry out	[tə stɑːt tə kraɪ aʊt]
ruzie (de)	quarrel	['kwɒrəl]
ruzie hebben (ww)	to quarrel (vi)	[tə 'kwɒrəl]
schandaal (het)	fight	[faɪt]
schandaal maken (ww)	to have a fight	[tə hæve 'faɪt]
conflict (het)	conflict	['kɒnflɪkt]
misverstand (het)	misunderstanding	[ˌmɪsʌndə'stændɪŋ]

belediging (de)	insult	['ɪnsʌlt]
beledigen	to insult (vt)	[tə ɪn'sʌlt]
(met scheldwoorden)		
beledigd (bn)	insulted	[ɪn'sʌltɪd]
krenking (de)	resentment	[rɪ'zentmənt]
krenken (beledigen)	to offend (vt)	[tə ə'fend]
gekwetst worden (ww)	to take offense	[tə ˌteɪk ə'fens]

verontwaardiging (de)	indignation	[ˌɪndɪg'neɪʃən]
verontwaardigd zijn (ww)	to be indignant	[tə bi ɪn'dɪgnənt]
klacht (de)	complaint	[kəm'pleɪnt]
klagen (ww)	to complain (vi, vt)	[tə kəm'pleɪn]

verontschuldiging (de)	apology	[ə'pɒlədʒɪ]
zich verontschuldigen	to apologize (vi)	[tə ə'pɒlədʒaɪz]
excuus vragen	to beg pardon	[tə beg 'pɑːdən]

kritiek (de)	criticism	['krɪtɪsɪzəm]
bekritiseren (ww)	to criticize (vt)	[tə 'krɪtɪsaɪz]
beschuldiging (de)	accusation	[ˌækju:'zeɪʃən]
beschuldigen (ww)	to accuse (vt)	[tə ə'kju:z]

| wraak (de) | revenge | [rɪ'vendʒ] |
| wreken (ww) | to avenge (vt) | [tə ə'vendʒ] |

minachting (de)	disdain	[dɪs'deɪn]
minachten (ww)	to despise (vt)	[tə dɪ'spaɪz]
haat (de)	hatred, hate	['heɪtrɪd], [heɪt]
haten (ww)	to hate (vt)	[tə heɪt]

zenuwachtig (bn)	nervous	['nɜːvəs]
zenuwachtig zijn (ww)	to be nervous	[tə bi 'nɜːvəs]
boos (bn)	angry	['æŋgrɪ]
boos maken (ww)	to make angry	[tə meɪk 'æŋgrɪ]

vernedering (de)	humiliation	[hjuːˌmɪlɪ'eɪʃən]
vernederen (ww)	to humiliate (vt)	[tə hjuː'mɪlɪeɪt]
zich vernederen (ww)	to humiliate oneself	[tə hjuː'mɪlɪeɪt wʌn'self]

| schok (de) | shock | [ʃɒk] |
| schokken (ww) | to shock (vt) | [tə ʃɒk] |

| onaangenaamheid (de) | trouble | ['trʌbəl] |
| onaangenaam (bn) | unpleasant | [ʌn'plezənt] |

vrees (de)	fear	[fɪə(r)]
vreselijk (bijv. ~ onweer)	terrible	['terəbəl]
eng (bn)	scary	['skeərɪ]

gruwel (de)	horror	['hɒrə(r)]
vreselijk (~ nieuws)	awful	['ɔ:fʊl]

beginnen te beven	to begin to tremble	[tə bɪ'gɪn tə 'trembəl]
huilen (wenen)	to cry (vi)	[tə kraɪ]
beginnen te huilen (wenen)	to start crying	[tə stɑ:t 'kraɪɪŋ]
traan (de)	tear	[tɪə(r)]

schuld (~ geven aan)	fault	['fɔ:lt]
schuldgevoel (het)	guilt	[gɪlt]
schande (de)	dishonor	[dɪs'ɒnə(r)]
protest (het)	protest	['prəʊtest]
stress (de)	stress	[stres]

storen (lastigvallen)	to disturb (vt)	[tə dɪ'stɜ:b]
kwaad zijn (ww)	to be furious	[tə bi 'fjʊərɪəs]
kwaad (bn)	mad, angry	[mæd], ['æŋgrɪ]
beëindigen (een relatie ~)	to end (vt)	[tə end]

schrikken (schrik krijgen)	to scare (vi)	[tə skeə(r)]
slaan (iemand ~)	to hit (vt)	[tə hɪt]
vechten (ww)	to fight (vi)	[tə faɪt]

regelen (conflict)	to settle (vt)	[tə 'setəl]
ontevreden (bn)	discontented	[ˌdɪskən'tentɪd]
woedend (bn)	furious	['fjʊərɪəs]

Dat is niet goed!	It's not good!	[ɪts 'nɒt ˌgʊd]
Dat is slecht!	It's bad!	[ɪts bæd]

Geneeskunde

68. Ziekten

ziekte (de)	sickness	['sɪknɪs]
ziek zijn (ww)	to be sick	[tə bi 'sɪk]
gezondheid (de)	health	[helθ]
snotneus (de)	runny nose	[ˌrʌnɪ 'nəʊz]
angina (de)	angina	[æn'dʒaɪnə]
verkoudheid (de)	cold	[kəʊld]
verkouden raken (ww)	to catch a cold	[tə kætʃ ə 'kəʊld]
bronchitis (de)	bronchitis	[brɒŋ'kaɪtɪs]
longontsteking (de)	pneumonia	[nju:'məʊnɪə]
griep (de)	flu	[flu:]
bijziend (bn)	near-sighted	[ˌnɪə'saɪtɪd]
verziend (bn)	far-sighted	['fɑ: ˌsaɪtɪd]
scheelheid (de)	strabismus	[strə'bɪzməs]
scheel (bn)	cross-eyed	[krɒs 'aɪd]
grauwe staar (de)	cataract	['kætərækt]
glaucoom (het)	glaucoma	[glɔ:'kəʊmə]
beroerte (de)	stroke	[strəʊk]
hartinfarct (het)	heart attack	['hɑ:t əˌtæk]
myocardiaal infarct (het)	myocardial infarction	[ˌmaɪəʊ'kɑ:dɪəl ɪn'fɑ:kʃən]
verlamming (de)	paralysis	[pə'rælɪsɪs]
verlammen (ww)	to paralyze (vt)	[tə 'pærəlaɪz]
allergie (de)	allergy	['ælədʒɪ]
astma (de/het)	asthma	['æsmə]
diabetes (de)	diabetes	[ˌdaɪə'bi:ti:z]
tandpijn (de)	toothache	['tu:θeɪk]
tandbederf (het)	caries	['keəri:z]
diarree (de)	diarrhea	[ˌdaɪə'rɪə]
constipatie (de)	constipation	[ˌkɒnstɪ'peɪʃən]
maagstoornis (de)	stomach upset	['stʌmək 'ʌpset]
voedselvergiftiging (de)	food poisoning	[fu:d 'pɔɪzənɪŋ]
artritis (de)	arthritis	[ɑ:'θraɪtɪs]
rachitis (de)	rickets	['rɪkɪts]
reuma (het)	rheumatism	['ru:mətɪzəm]
arteriosclerose (de)	atherosclerosis	[ˌæθərəʊsklɪ'rəʊsɪs]
gastritis (de)	gastritis	[gæs'traɪtɪs]
blindedarmontsteking (de)	appendicitis	[əˌpendɪ'saɪtɪs]
galblaasontsteking (de)	cholecystitis	[ˌkɒlɪsɪs'taɪtɪs]

zweer (de)	ulcer	['ʌlsə(r)]
mazelen (mv.)	measles	['mi:zəlz]
rodehond (de)	German measles	['dʒɜ:mən 'mi:zəlz]
geelzucht (de)	jaundice	['dʒɔ:ndɪs]
leverontsteking (de)	hepatitis	[ˌhepə'taɪtɪs]

schizofrenie (de)	schizophrenia	[ˌskɪtsə'fri:nɪə]
dolheid (de)	rabies	['reɪbi:z]
neurose (de)	neurosis	[ˌnjʊə'rəʊsɪs]
hersenschudding (de)	concussion	[kən'kʌʃən]

kanker (de)	cancer	['kænsə(r)]
sclerose (de)	sclerosis	[sklə'rəʊsɪs]
multiple sclerose (de)	multiple sclerosis	['mʌltɪpəl sklə'rəʊsɪs]

alcoholisme (het)	alcoholism	['ælkəhɒlɪzəm]
alcoholicus (de)	alcoholic	[ˌælkə'hɒlɪk]
syfilis (de)	syphilis	['sɪfɪlɪs]
AIDS (de)	AIDS	[eɪdz]

tumor (de)	tumor	['tju:mə(r)]
koorts (de)	fever	['fi:və(r)]
malaria (de)	malaria	[mə'leərɪə]
gangreen (het)	gangrene	['gæŋgri:n]
zeeziekte (de)	seasickness	['si:sɪknɪs]
epilepsie (de)	epilepsy	['epɪlepsɪ]

epidemie (de)	epidemic	[ˌepɪ'demɪk]
tyfus (de)	typhus	['taɪfəs]
tuberculose (de)	tuberculosis	[tju:ˌbɜ:kjʊ'ləʊsɪs]
cholera (de)	cholera	['kɒlərə]
pest (de)	plague	[pleɪg]

69. Symptomen. Behandelingen. Deel 1

symptoom (het)	symptom	['sɪmptəm]
temperatuur (de)	temperature	['temprətʃə(r)]
verhoogde temperatuur (de)	high temperature	[haɪ 'temprətʃə(r)]
polsslag (de)	pulse	[pʌls]

duizeling (de)	giddiness	['gɪdɪnɪs]
heet (erg warm)	hot	[hɒt]
koude rillingen (mv.)	shivering	['ʃɪvərɪŋ]
bleek (bn)	pale	[peɪl]

hoest (de)	cough	[kɒf]
hoesten (ww)	to cough (vi)	[tə kɒf]
niezen (ww)	to sneeze (vi)	[tə sni:z]
flauwte (de)	faint	[feɪnt]
flauwvallen (ww)	to faint (vi)	[tə feɪnt]

blauwe plek (de)	bruise	[bru:z]
buil (de)	bump	[bʌmp]
zich stoten (ww)	to bang (vi)	[tə bæŋ]

| kneuzing (de) | bruise | [bru:z] |
| kneuzen (gekneusd zijn) | to get a bruise | [tə get ə bru:z] |

hinken (ww)	to limp (vi)	[tə lɪmp]
verstuiking (de)	dislocation	[ˌdɪslə'keɪʃən]
verstuiken (enkel, enz.)	to dislocate (vt)	[tə 'dɪsləkeɪt]
breuk (de)	fracture	['fræktʃə(r)]
een breuk oplopen	to have a fracture	[tə hæv ə 'fræktʃə(r)]

snijwond (de)	cut	[kʌt]
zich snijden (ww)	to cut oneself	[tə kʌt wʌn'self]
bloeding (de)	bleeding	['bli:dɪŋ]

| brandwond (de) | burn | [bɜ:n] |
| zich branden (ww) | to get burned | [tə get 'bɜ:nd] |

prikken (ww)	to prick (vt)	[tə prɪk]
zich prikken (ww)	to prick oneself	[tə prɪk wʌn'self]
blesseren (ww)	to injure (vt)	[tə 'ɪndʒə(r)]
blessure (letsel)	injury	['ɪndʒərɪ]
wond (de)	wound	[wu:nd]
trauma (het)	trauma	['traʊmə]

IJlen (ww)	to be delirious	[tə bi dɪ'lɪrɪəs]
stotteren (ww)	to stutter (vi)	[tə 'stʌtə(r)]
zonnesteek (de)	sunstroke	['sʌnstrəʊk]

70. Symptomen. Behandelingen. Deel 2

| pijn (de) | pain | [peɪn] |
| splinter (de) | splinter | ['splɪntə(r)] |

zweet (het)	sweat	[swet]
zweten (ww)	to sweat (vi)	[tə swet]
braking (de)	vomiting	['vɒmɪtɪŋ]
stuiptrekkingen (mv.)	convulsions	[kən'vʌlʃənz]

zwanger (bn)	pregnant	['pregnənt]
geboren worden (ww)	to be born	[tə bi bɔ:n]
geboorte (de)	delivery, labor	[dɪ'lɪvərɪ], ['leɪbə(r)]
baren (ww)	to deliver (vt)	[tə dɪ'lɪvə(r)]
abortus (de)	abortion	[ə'bɔ:ʃən]

ademhaling (de)	breathing, respiration	['bri:ðɪŋ], [ˌrespə'reɪʃən]
inademing (de)	inhalation	[ˌɪnhə'leɪʃən]
uitademing (de)	exhalation	[ˌeksə'leɪʃən]
uitademen (ww)	to exhale (vi)	[tə eks'heɪl]
inademen (ww)	to inhale (vi)	[tə ɪn'heɪl]

invalide (de)	disabled person	[dɪs'eɪbəld 'pɜ:sən]
gehandicapte (de)	cripple	['krɪpəl]
drugsverslaafde (de)	drug addict	['drʌɡˌædɪkt]
doof (bn)	deaf	[def]
stom (bn)	dumb	[dʌm]

doofstom (bn)	deaf-and-dumb	[ˌdef ənd 'dʌm]
krankzinnig (bn)	mad, insane	[mæd], [ɪn'seɪn]
krankzinnige (man)	madman	['mædmən]
krankzinnige (vrouw)	madwoman	['mædˌwʊmən]
krankzinnig worden	to go insane	[tə gəʊ ɪn'seɪn]

gen (het)	gene	[dʒiːn]
immuniteit (de)	immunity	[ɪ'mjuːnətɪ]
erfelijk (bn)	hereditary	[hɪ'redɪtərɪ]
aangeboren (bn)	congenital	[kən'dʒenɪtəl]

virus (het)	virus	['vaɪrəs]
microbe (de)	microbe	['maɪkrəʊb]
bacterie (de)	bacterium	[bæk'tɪərɪəm]
infectie (de)	infection	[ɪn'fekʃən]

71. Symptomen. Behandelingen. Deel 3

| ziekenhuis (het) | hospital | ['hɒspɪtəl] |
| patiënt (de) | patient | ['peɪʃənt] |

diagnose (de)	diagnosis	[ˌdaɪəg'nəʊsɪs]
genezing (de)	cure	[kjʊə]
medische behandeling (de)	treatment	['triːtmənt]
onder behandeling zijn	to get treatment	[tə get 'triːtmənt]
behandelen (ww)	to treat (vt)	[tə triːt]
zorgen (zieken ~)	to nurse (vt)	[tə nɜːs]
ziekenzorg (de)	care	[keə(r)]

operatie (de)	operation, surgery	[ˌɒpə'reɪʃən], ['sɜːdʒərɪ]
verbinden (een arm ~)	to bandage (vt)	[tə 'bændɪdʒ]
verband (het)	bandaging	['bændɪdʒɪŋ]
vaccin (het)	vaccination	[ˌvæksɪ'neɪʃən]
inenten (vaccineren)	to vaccinate (vt)	[tə 'væksɪneɪt]
injectie (de)	injection, shot	[ɪn'dʒekʃən], [ʃɒt]
een injectie geven	to give an injection	[təˌgɪv ən ɪn'dʒekʃən]

aanval (de)	attack	[ə'tæk]
amputatie (de)	amputation	[ˌæmpjʊ'teɪʃən]
amputeren (ww)	to amputate (vt)	[tə 'æmpjʊteɪt]
coma (het)	coma	['kəʊmə]
in coma liggen	to be in a coma	[tə bi ɪn ə 'kəʊmə]
intensieve zorg, ICU (de)	intensive care	[ɪn'tensɪv ˌkeə(r)]

zich herstellen (ww)	to recover (vi)	[tə rɪ'kʌvə(r)]
toestand (de)	state	[steɪt]
bewustzijn (het)	consciousness	['kɒnʃəsnɪs]
geheugen (het)	memory	['memərɪ]

trekken (een kies ~)	to pull out	[tə ˌpʊl 'aʊt]
vulling (de)	filling	['fɪlɪŋ]
vullen (ww)	to fill (vt)	[tə fɪl]
hypnose (de)	hypnosis	[hɪp'nəʊsɪs]
hypnotiseren (ww)	to hypnotize (vt)	[tə 'hɪpnətaɪz]

72. Artsen

dokter, arts (de)	doctor	['dɒktə(r)]
ziekenzuster (de)	nurse	[nɜ:s]
lijfarts (de)	private physician	['praɪvɪt fɪ'zɪʃən]
tandarts (de)	dentist	['dentɪst]
oogarts (de)	ophthalmologist	[ˌɒfθæl'mɒlədʒɪst]
therapeut (de)	internist	[ɪn'tɜ:nɪst]
chirurg (de)	surgeon	['sɜ:dʒən]
psychiater (de)	psychiatrist	[saɪ'kaɪətrɪst]
pediater (de)	pediatrician	[ˌpi:dɪə'trɪʃən]
psycholoog (de)	psychologist	[saɪ'kɒlədʒɪst]
gynaecoloog (de)	gynecologist	[ˌgaɪnɪ'kɒlədʒɪst]
cardioloog (de)	cardiologist	[ˌkɑ:dɪ'ɒlədʒɪst]

73. Geneeskunde. Medicijnen. Accessoires

geneesmiddel (het)	medicine, drug	['medsɪn], [drʌg]
middel (het)	remedy	['remədɪ]
voorschrijven (ww)	to prescribe (vt)	[tə prɪ'skraɪb]
recept (het)	prescription	[prɪ'skrɪpʃən]
tablet (de/het)	tablet, pill	['tæblɪt], [pɪl]
zalf (de)	ointment	['ɔɪntmənt]
ampul (de)	ampule	['æmpu:l]
drank (de)	mixture	['mɪkstʃə(r)]
siroop (de)	syrup	['sɪrəp]
pil (de)	pill	[pɪl]
poeder (de/het)	powder	['paʊdə(r)]
verband (het)	bandage	['bændɪdʒ]
watten (mv.)	cotton wool	['kɒtən ˌwʊl]
jodium (het)	iodine	['aɪədaɪn]
pleister (de)	Band-Aid	['bændˌeɪd]
pipet (de)	eyedropper	[aɪ 'drɒpə(r)]
thermometer (de)	thermometer	[θə'mɒmɪtə(r)]
spuit (de)	syringe	[sɪ'rɪndʒ]
rolstoel (de)	wheelchair	['wi:lˌtʃeə(r)]
krukken (mv.)	crutches	[krʌtʃɪz]
pijnstiller (de)	painkiller	['peɪnˌkɪlə(r)]
laxeermiddel (het)	laxative	['læksətɪv]
spiritus (de)	spirit, ethanol	['spɪrɪt], ['eθənɒl]
medicinale kruiden (mv.)	medicinal herbs	[mə'dɪsɪnəl ɜ:rbz]
kruiden- (abn)	herbal	['ɜ:rbəl]

74. Roken. Tabaksproducten

tabak (de)	tobacco	[tə'bækəʊ]
sigaret (de)	cigarette	[ˌsɪgə'ret]
sigaar (de)	cigar	[sɪ'gɑ:(r)]
pijp (de)	pipe	[paɪp]
pakje (~ sigaretten)	pack	[pæk]

lucifers (mv.)	matches	[mætʃɪz]
luciferdoosje (het)	matchbox	['mætʃbɒks]
aansteker (de)	lighter	['laɪtə(r)]
asbak (de)	ashtray	['æʃtreɪ]
sigarettendoosje (het)	cigarette case	[ˌsɪgə'ret keɪs]

sigarettenpijpje (het)	cigarette holder	[ˌsɪgə'ret 'həʊldə(r)]
filter (de/het)	filter	['fɪltə(r)]

roken (ww)	to smoke (vi, vt)	[tə sməʊk]
een sigaret opsteken	to light a cigarette	[tə ˌlaɪt ə ˌsɪgə'ret]
roken (het)	smoking	['sməʊkɪŋ]
roker (de)	smoker	['sməʊkə(r)]

peuk (de)	stub, butt	[stʌb], [bʌt]
rook (de)	smoke	[sməʊk]
as (de)	ash	[æʃ]

HET MENSELIJKE LEEFGEBIED

Stad

75. Stad. Het leven in de stad

stad (de)	city, town	['sɪtɪ], [taʊn]
hoofdstad (de)	capital	['kæpɪtəl]
dorp (het)	village	['vɪlɪdʒ]
plattegrond (de)	city map	['sɪtɪˌmæp]
centrum (ov. een stad)	downtown	['daʊnˌtaʊn]
voorstad (de)	suburb	['sʌbɜːb]
voorstads- (abn)	suburban	[səˈbɜːbən]
randgemeente (de)	outskirts	['aʊtskɜːts]
omgeving (de)	environs	[ɪnˈvaɪərənz]
blok (huizenblok)	city block	['sɪtɪ blɒk]
woonwijk (de)	residential block	[ˌrezɪˈdenʃəl blɒk]
verkeer (het)	traffic	['træfɪk]
verkeerslicht (het)	traffic lights	['træfɪk laɪts]
openbaar vervoer (het)	public transportation	['pʌblɪk ˌtrænspɔːˈteɪʃən]
kruispunt (het)	intersection	[ˌɪntəˈsekʃən]
zebrapad (oversteekplaats)	crosswalk	['krɒswɔːk]
onderdoorgang (de)	pedestrian underpass	[pɪˈdestrɪən ˈʌndəpɑːs]
oversteken (de straat ~)	to cross (vt)	[tə krɒs]
voetganger (de)	pedestrian	[pɪˈdestrɪən]
trottoir (het)	sidewalk	['saɪdwɔːk]
brug (de)	bridge	[brɪdʒ]
dijk (de)	embankment	[ɪmˈbæŋkmənt]
allee (de)	allée	[ale]
park (het)	park	[pɑːk]
boulevard (de)	boulevard	['buːləvɑːd]
plein (het)	square	[skweə(r)]
laan (de)	avenue	['ævənjuː]
straat (de)	street	[striːt]
zijstraat (de)	side street	[saɪd striːt]
doodlopende straat (de)	dead end	[ˌded 'end]
huis (het)	house	[haʊs]
gebouw (het)	building	['bɪldɪŋ]
wolkenkrabber (de)	skyscraper	['skaɪˌskreɪpə(r)]
gevel (de)	facade	[fəˈsɑːd]
dak (het)	roof	[ruːf]

venster (het)	window	['wɪndəʊ]
boog (de)	arch	[ɑ:tʃ]
pilaar (de)	column	['kɒləm]
hoek (ov. een gebouw)	corner	['kɔːnə(r)]

vitrine (de)	store window	['stɔː ˌwɪndəʊ]
gevelreclame (de)	store sign	[stɔː saɪn]
affiche (de/het)	poster	['pəʊstə(r)]
reclameposter (de)	advertising poster	['ædvətaɪzɪŋ 'pəʊstə(r)]
aanplakbord (het)	billboard	['bɪlbɔːd]

vuilnis (de/het)	garbage, trash	['gɑːbɪdʒ], [træʃ]
vuilnisbak (de)	garbage can	['gɑːbɪdʒ kæn]
afval weggooien (ww)	to litter (vi)	[tə 'lɪtə(r)]
stortplaats (de)	garbage dump	['gɑːbɪdʒ dʌmp]

telefooncel (de)	phone booth	['fəʊn ˌbuːð]
straatlicht (het)	street light	['striːt laɪt]
bank (de)	bench	[bentʃ]

politieagent (de)	police officer	[pə'liːs'ɒfɪsə(r)]
politie (de)	police	[pə'liːs]
zwerver (de)	beggar	['begə(r)]
dakloze (de)	homeless	['həʊmlɪs]

76. Stedelijke instellingen

winkel (de)	store	[stɔː(r)]
apotheek (de)	drugstore, pharmacy	['drʌgstɔː(r)], ['fɑːməsɪ]
optiek (de)	optical store	['ɒptɪkəl stɔː(r)]
winkelcentrum (het)	shopping mall	['ʃɒpɪŋ mɔːl]
supermarkt (de)	supermarket	['suːpəˌmɑːkɪt]

bakkerij (de)	bakery	['beɪkərɪ]
bakker (de)	baker	['beɪkə(r)]
banketbakkerij (de)	candy store	['kændɪ stɔː(r)]
kruidenier (de)	grocery store	['grəʊsərɪ stɔː(r)]
slagerij (de)	butcher shop	['bʊtʃəzʃɒp]

| groentewinkel (de) | produce store | ['prɒdjuːs stɔː] |
| markt (de) | market | ['mɑːkɪt] |

koffiehuis (het)	coffee house	['kɒfɪ ˌhaʊs]
restaurant (het)	restaurant	['restrɒnt]
bar (de)	pub	[pʌb]
pizzeria (de)	pizzeria	[ˌpiːtsə'rɪə]

kapperssalon (de/het)	hair salon	['heə 'sælɒn]
postkantoor (het)	post office	[pəʊst 'ɒfɪs]
stomerij (de)	dry cleaners	[ˌdraɪ 'kliːnəz]
fotostudio (de)	photo studio	['fəʊtəʊ 'stjuːdɪəʊ]

| schoenwinkel (de) | shoe store | ['ʃuː stɔː(r)] |
| boekhandel (de) | bookstore | ['bʊkstɔː(r)] |

sportwinkel (de)	**sporting goods store**	['spɔːtɪŋ gʊdz stɔː(r)]
kledingreparatie (de)	**clothes repair**	[kləʊðz rɪ'peə(r)]
kledingverhuur (de)	**formal wear rental**	['fɔːməl weə 'rentəl]
videotheek (de)	**movie rental store**	['muːvɪ 'rentəl stɔː]

circus (de/het)	**circus**	['sɜːkəs]
dierentuin (de)	**zoo**	[zuː]
bioscoop (de)	**movie theater**	['muːvɪ 'θɪətə(r)]
museum (het)	**museum**	[mjuː'ziːəm]
bibliotheek (de)	**library**	['laɪbrərɪ]

theater (het)	**theater**	['θɪətə(r)]
opera (de)	**opera**	['ɒpərə]
nachtclub (de)	**nightclub**	[naɪt klʌb]
casino (het)	**casino**	[kə'siːnəʊ]

moskee (de)	**mosque**	[mɒsk]
synagoge (de)	**synagogue**	['sɪnəgɒg]
kathedraal (de)	**cathedral**	[kə'θiːdrəl]
tempel (de)	**temple**	['tempəl]
kerk (de)	**church**	[tʃɜːtʃ]

instituut (het)	**college**	['kɒlɪdʒ]
universiteit (de)	**university**	[ˌjuːnɪ'vɜːsətɪ]
school (de)	**school**	[skuːl]

gemeentehuis (het)	**prefecture**	['priːfekˌtjʊə(r)]
stadhuis (het)	**city hall**	['sɪtɪ ˌhɔːl]
hotel (het)	**hotel**	[həʊ'tel]
bank (de)	**bank**	[bæŋk]

ambassade (de)	**embassy**	['embəsɪ]
reisbureau (het)	**travel agency**	['trævəl 'eɪdʒənsɪ]
informatieloket (het)	**information office**	[ˌɪnfə'meɪʃən 'ɒfɪs]
wisselkantoor (het)	**money exchange**	['mʌnɪ ɪks'tʃeɪndʒ]

metro (de)	**subway**	['sʌbweɪ]
ziekenhuis (het)	**hospital**	['hɒspɪtəl]

benzinestation (het)	**gas station**	[gæs 'steɪʃən]
parking (de)	**parking lot**	['pɑːkɪŋ lɒt]

77. Stedelijk vervoer

bus, autobus (de)	**bus**	[bʌs]
tram (de)	**streetcar**	['striːtkɑː(r)]
trolleybus (de)	**trolley**	['trɒlɪ]
route (de)	**route**	[raʊt]
nummer (busnummer, enz.)	**number**	['nʌmbə(r)]

rijden met ...	**to go by ...**	[tə gəʊ baɪ]
stappen (in de bus ~)	**to get on**	[tə get ɒn]
afstappen (ww)	**to get off ...**	[tə get ɒf]
halte (de)	**stop**	[stɒp]

volgende halte (de)	next stop	[ˌnekst 'stɒp]
eindpunt (het)	terminus	['tɜ:mɪnəs]
dienstregeling (de)	schedule	['skedʒʊl]
wachten (ww)	to wait (vt)	[tə weɪt]

| kaartje (het) | ticket | ['tɪkɪt] |
| reiskosten (de) | fare | [feə(r)] |

kassier (de)	cashier	[kæ'ʃɪə(r)]
kaartcontrole (de)	ticket inspection	['tɪkɪt ɪn'spekʃən]
controleur (de)	conductor	[kən'dʌktə(r)]

| te laat zijn (ww) | to be late | [tə bi 'leɪt] |
| zich haasten (ww) | to be in a hurry | [tə bi ɪn ə 'hʌrɪ] |

taxi (de)	taxi, cab	['tæksɪ], [kæb]
taxichauffeur (de)	taxi driver	['tæksɪ 'draɪvə(r)]
met de taxi (bw)	by taxi	[baɪ 'tæksɪ]
taxistandplaats (de)	taxi stand	['tæksɪ stænd]
een taxi bestellen	to call a taxi	[tə kɔ:l ə 'tæksɪ]
een taxi nemen	to take a taxi	[tə ˌteɪk ə 'tæksɪ]

verkeer (het)	traffic	['træfɪk]
file (de)	traffic jam	['træfɪk dʒæm]
spitsuur (het)	rush hour	['rʌʃ ˌaʊə(r)]
parkeren (on.ww.)	to park (vi)	[tə pɑ:k]
parkeren (ov.ww.)	to park (vt)	[tə pɑ:k]
parking (de)	parking lot	['pɑ:kɪŋ lɒt]

metro (de)	subway	['sʌbweɪ]
halte (bijv. kleine treinhalte)	station	['steɪʃən]
de metro nemen	to take the subway	[tə ˌteɪk ðə 'sʌbweɪ]
trein (de)	train	[treɪn]
station (treinstation)	train station	[treɪn 'steɪʃən]

78. Bezienswaardigheden

monument (het)	monument	['mɒnjʊmənt]
vesting (de)	fortress	['fɔ:trɪs]
paleis (het)	palace	['pælɪs]
kasteel (het)	castle	['kɑ:səl]
toren (de)	tower	['taʊə(r)]
mausoleum (het)	mausoleum	[ˌmɔ:zə'lɪəm]

architectuur (de)	architecture	['ɑ:kɪtektʃə(r)]
middeleeuws (bn)	medieval	[ˌmedɪ'i:vəl]
oud (bn)	ancient	['eɪnʃənt]
nationaal (bn)	national	['næʃənəl]
bekend (bn)	well-known	[wel'nəʊn]

toerist (de)	tourist	['tʊərɪst]
gids (de)	guide	[gaɪd]
rondleiding (de)	excursion	[ɪk'skɜ:ʃən]
tonen (ww)	to show (vt)	[tə ʃəʊ]

vertellen (ww)	to tell (vt)	[tə tel]
vinden (ww)	to find (vt)	[tə faɪnd]
verdwalen (de weg kwijt zijn)	to get lost	[tə get lɒst]
plattegrond (~ van de metro)	map	[mæp]
plattegrond (~ van de stad)	map	[mæp]

souvenir (het)	souvenir, gift	[ˌsuːvəˈnɪə], [gɪft]
souvenirwinkel (de)	gift shop	[ˈgɪftˌʃɒp]
een foto maken (ww)	to take pictures	[tə ˌteɪk ˈpɪktʃəz]

79. Winkelen

kopen (ww)	to buy (vt)	[tə baɪ]
aankoop (de)	purchase	[ˈpɜːtʃəs]
winkelen (ww)	to go shopping	[tə gəʊ ˈʃɒpɪŋ]
winkelen (het)	shopping	[ˈʃɒpɪŋ]

| open zijn (ov. een winkel, enz.) | to be open | [tə bi ˈəʊpən] |
| gesloten zijn (ww) | to be closed | [tə bi kləʊzd] |

schoeisel (het)	footwear	[ˈfʊtweə(r)]
kleren (mv.)	clothes, clothing	[kləʊðz], [ˈkləʊðɪŋ]
cosmetica (de)	cosmetics	[kɒzˈmetɪks]
voedingswaren (mv.)	food products	[fuːd ˈprɒdʌkts]
geschenk (het)	gift, present	[gɪft], [ˈprezənt]

| verkoper (de) | salesman | [ˈseɪlzmən] |
| verkoopster (de) | saleswoman | [ˈseɪlzˌwʊmən] |

kassa (de)	check out, cash desk	[tʃek aʊt], [kæʃ desk]
spiegel (de)	mirror	[ˈmɪrə(r)]
toonbank (de)	counter	[ˈkaʊntə(r)]
paskamer (de)	fitting room	[ˈfɪtɪŋ ˌrum]

aanpassen (ww)	to try on (vt)	[tə ˌtraɪ ˈɒn]
passen (ov. kleren)	to fit (vt)	[tə fɪt]
bevallen (prettig vinden)	to like (vt)	[tə laɪk]

prijs (de)	price	[praɪs]
prijskaartje (het)	price tag	[ˈpraɪs tæg]
kosten (ww)	to cost (vt)	[tə kɒst]
Hoeveel?	How much?	[ˌhaʊ ˈmʌtʃ]
korting (de)	discount	[ˈdɪskaʊnt]

niet duur (bn)	inexpensive	[ˌɪnɪkˈspensɪv]
goedkoop (bn)	cheap	[tʃiːp]
duur (bn)	expensive	[ɪkˈspensɪv]
Dat is duur.	It's expensive	[ɪts ɪkˈspensɪv]

verhuur (de)	rental	[ˈrentəl]
huren (smoking, enz.)	to rent (vt)	[tə rent]
krediet (het)	credit	[ˈkredɪt]
op krediet (bw)	on credit	[ɒn ˈkredɪt]

80. Geld

geld (het)	money	['mʌnɪ]
ruil (de)	currency exchange	['kʌrənsɪ ɪks'tʃeɪndʒ]
koers (de)	exchange rate	[ɪks'tʃeɪndʒ reɪt]
geldautomaat (de)	ATM	[ˌeɪti:'em]
muntstuk (de)	coin	[kɔɪn]
dollar (de)	dollar	['dɒlə(r)]
euro (de)	euro	['jʊərəʊ]
lire (de)	lira	['lɪərə]
Duitse mark (de)	Deutschmark	['dɔɪtʃmɑ:k]
frank (de)	franc	[fræŋk]
pond sterling (het)	pound sterling	[paʊnd 'stɜ:lɪŋ]
yen (de)	yen	[jen]
schuld (geldbedrag)	debt	[det]
schuldenaar (de)	debtor	['detə(r)]
uitlenen (ww)	to lend (vt)	[tə lend]
lenen (geld ~)	to borrow (vt)	[tə 'bɒrəʊ]
bank (de)	bank	[bæŋk]
bankrekening (de)	account	[ə'kaʊnt]
storten (ww)	to deposit (vt)	[tə dɪ'pɒzɪt]
kredietkaart (de)	credit card	['kredɪt kɑ:d]
baar geld (het)	cash	[kæʃ]
cheque (de)	check	[tʃek]
een cheque uitschrijven	to write a check	[tə ˌraɪt ə 'tʃek]
chequeboekje (het)	checkbook	['tʃekˌbʊk]
portefeuille (de)	wallet	['wɒlɪt]
geldbeugel (de)	change purse	[tʃeɪndʒ pɜ:s]
safe (de)	safe	[seɪf]
erfgenaam (de)	heir	[eə(r)]
erfenis (de)	inheritance	[ɪn'herɪtəns]
fortuin (het)	fortune	['fɔ:tʃu:n]
huur (de)	lease, rent	[li:s], [rent]
huurprijs (de)	rent	[rent]
huren (huis, kamer)	to rent (vt)	[tə rent]
prijs (de)	price	[praɪs]
kostprijs (de)	cost	[kɒst]
som (de)	sum	[sʌm]
kosten (mv.)	expenses	[ɪk'spensɪz]
bezuinigen (ww)	to economize (vi, vt)	[tə ɪ'kɒnəmaɪz]
zuinig (bn)	economical	[ˌi:kə'nɒmɪkəl]
betalen (ww)	to pay (vi, vt)	[tə peɪ]
betaling (de)	payment	['peɪmənt]
wisselgeld (het)	change	[tʃeɪndʒ]

belasting (de)	tax	[tæks]
boete (de)	fine	[faɪn]
beboeten (bekeuren)	to fine (vt)	[tə faɪn]

81. Post. Postkantoor

postkantoor (het)	post office	[pəʊst 'ɒfɪs]
post (de)	mail	[meɪl]
postbode (de)	mailman	['meɪlmən]
openingsuren (mv.)	opening hours	['əʊpənɪŋ ˌaʊəz]

brief (de)	letter	['letə(r)]
aangetekende brief (de)	registered letter	['redʒɪstəd 'letə(r)]
briefkaart (de)	postcard	['pəʊstkɑːd]
telegram (het)	telegram	['telɪgræm]
postpakket (het)	parcel	['pɑːsəl]
overschrijving (de)	money transfer	['mʌnɪ træns'fɜː(r)]

ontvangen (ww)	to receive (vt)	[tə rɪ'siːv]
sturen (zenden)	to send (vt)	[tə send]
verzending (de)	sending	['sendɪŋ]

adres (het)	address	[ə'dres]
postcode (de)	ZIP code	['zɪp ˌkəʊd]
verzender (de)	sender	['sendə(r)]
ontvanger (de)	receiver	[rɪ'siːvə(r)]

| naam (de) | name | [neɪm] |
| achternaam (de) | family name | ['fæmlɪ ˌneɪm] |

tarief (het)	rate	[reɪt]
standaard (bn)	standard	['stændəd]
zuinig (bn)	economical	[ˌiːkə'nɒmɪkəl]

gewicht (het)	weight	[weɪt]
afwegen (op de weegschaal)	to weigh up (vt)	[tə weɪt ʌp]
envelop (de)	envelope	['envələʊp]
postzegel (de)	postage stamp	['pəʊstɪdʒ ˌstæmp]
een postzegel plakken op	to stamp an envelope	[tə stæmp ən 'envələʊp]

Woning. Huis. Thuis

82. Huis. Woning

huis (het)	house	[haʊs]
thuis (bw)	at home	[ət həʊm]
cour (de)	courtyard	['kɔːtjɑːd]
omheining (de)	fence	[fens]
baksteen (de)	brick	[brɪk]
van bakstenen	brick	[brɪk]
steen (de)	stone	[stəʊn]
stenen (bn)	stone	[stəʊn]
beton (het)	concrete	['kɒŋkriːt]
van beton	concrete	['kɒŋkriːt]
nieuw (bn)	new	[njuː]
oud (bn)	old	[əʊld]
vervallen (bn)	decrepit	[dɪ'krepɪt]
modern (bn)	modern	['mɒdən]
met veel verdiepingen	multistory	[ˌmʌltɪ'stɔːrɪ]
hoog (bn)	high	[haɪ]
verdieping (de)	floor, story	[flɔː(r)], ['stɔːrɪ]
met een verdieping	single-story	['sɪŋɡəl 'stɔːrɪ]
laagste verdieping (de)	ground floor	[graʊnd flɔː(r)]
bovenverdieping (de)	top floor	[tɒp flɔː(r)]
dak (het)	roof	[ruːf]
schoorsteen (de)	chimney	['tʃɪmnɪ]
dakpan (de)	roof tiles	[ruːf taɪlz]
pannen- (abn)	tiled	[taɪld]
zolder (de)	loft, attic	[lɒft], ['ætɪk]
venster (het)	window	['wɪndəʊ]
glas (het)	glass	[glɑːs]
vensterbank (de)	window ledge	['wɪndəʊ ledʒ]
luiken (mv.)	shutters	['ʃʌtəz]
muur (de)	wall	[wɔːl]
balkon (het)	balcony	['bælkənɪ]
regenpijp (de)	downspout	['daʊnspaʊt]
boven (bw)	upstairs	[ˌʌp'steəz]
naar boven gaan (ww)	to go upstairs	[tə gəʊ ˌʌp'steəz]
afdalen (on.ww.)	to come down	[tə kʌm daʊn]
verhuizen (ww)	to move (vi)	[tə muːv]

83. Huis. Ingang. Lift

ingang (de)	entrance	['entrəns]
trap (de)	stairs	[steəz]
treden (mv.)	steps	[steps]
trapleuning (de)	banisters	['bænɪstə(r)z]
hal (de)	lobby	['lɒbɪ]
postbus (de)	mailbox	['meɪlbɒks]
vuilnisbak (de)	trash container	[træʃ kən'teɪnə(r)]
vuilniskoker (de)	trash chute	['træʃ ʃu:t]
lift (de)	elevator	['elɪveɪtə(r)]
goederenlift (de)	freight elevator	[freɪt 'elɪveɪtə(r)]
liftcabine (de)	elevator cage	['elɪveɪtə keɪdʒ]
de lift nemen	to take the elevator	[tə teɪk ði 'elɪveɪtə(r)]
appartement (het)	apartment	[ə'pɑ:tmənt]
bewoners (mv.)	residents	['rezɪdənts]
buren (mv.)	neighbors	['neɪbəz]

84. Huis. Deuren. Sloten

deur (de)	door	[dɔ:(r)]
toegangspoort (de)	vehicle gate	['vi:ɪkəl geɪt]
deurkruk (de)	handle	['hændəl]
ontsluiten (ontgrendelen)	to unlock (vt)	[tə ˌʌn'lɒk]
openen (ww)	to open (vt)	[tə 'əʊpən]
sluiten (ww)	to close (vt)	[tə kləʊz]
sleutel (de)	key	[ki:]
sleutelbos (de)	bunch	[bʌntʃ]
knarsen (bijv. scharnier)	to creak (vi)	[tə kri:k]
knarsgeluid (het)	creak	[kri:k]
scharnier (het)	hinge	[hɪndʒ]
deurmat (de)	doormat	['dɔ:mæt]
slot (het)	lock	[lɒk]
sleutelgat (het)	keyhole	['ki:həʊl]
grendel (de)	bolt	[bəʊlt]
schuif (de)	latch	[lætʃ]
hangslot (het)	padlock	['pædlɒk]
aanbellen (ww)	to ring (vt)	[tə rɪŋ]
bel (geluid)	ringing	['rɪŋɪŋ]
deurbel (de)	doorbell	['dɔ:bel]
belknop (de)	bell-button	[bel 'bʌtən]
geklop (het)	knock	[nɒk]
kloppen (ww)	to knock (vi)	[tə nɒk]
code (de)	code	[kəʊd]
cijferslot (het)	code lock	[kəʊd ˌlɒk]
parlofoon (de)	intercom	['ɪntəkɒm]

nummer (het)	**number**	['nʌmbə(r)]
naambordje (het)	**doorplate**	['dɔ:pleɪt]
deurspion (de)	**peephole**	['pi:phəʊl]

85. Huis op het platteland

dorp (het)	**village**	['vɪlɪdʒ]
moestuin (de)	**vegetable garden**	['vedʒtəbəl 'gɑ:dən]
hek (het)	**fence**	[fens]
houten hekwerk (het)	**picket fence**	['pɪkɪt fens]
tuinpoortje (het)	**wicket gate**	['wɪkɪt geɪt]
graanschuur (de)	**granary**	['grænərɪ]
wortelkelder (de)	**root cellar**	[ru:t 'selə(r)]
schuur (de)	**shed**	[ʃed]
waterput (de)	**well**	[wel]
kachel (de)	**stove**	[stəʊv]
de kachel stoken	**to heat the stove**	[tə hi:t ðə stəʊv]
brandhout (het)	**firewood**	['faɪəwʊd]
houtblok (het)	**log**	[lɒg]
veranda (de)	**veranda**	[və'rændə]
terras (het)	**terrace**	['terəs]
bordes (het)	**front steps**	['frʌnt ˌsteps]
schommel (de)	**swing**	[swɪŋ]

86. Kasteel. Paleis

kasteel (het)	**castle**	['kɑ:səl]
paleis (het)	**palace**	['pælɪs]
vesting (de)	**fortress**	['fɔ:trɪs]
ringmuur (de)	**wall**	[wɔ:l]
toren (de)	**tower**	['taʊə(r)]
donjon (de)	**keep, donjon**	[ki:p], ['dɒndʒən]
valhek (het)	**portcullis**	[ˌpɔ:t'kʌlɪs]
onderaardse gang (de)	**underground passage**	['ʌndəgraʊnd 'pæsɪdʒ]
slotgracht (de)	**moat**	[məʊt]
ketting (de)	**chain**	[tʃeɪn]
schietgat (het)	**arrow loop**	['ærəʊ lu:p]
prachtig (bn)	**magnificent**	[mæg'nɪfɪsənt]
majestueus (bn)	**majestic**	[mə'dʒestɪk]
onneembaar (bn)	**impregnable**	[ɪm'pregnəbəl]
middeleeuws (bn)	**medieval**	[ˌmedɪ'i:vəl]

87. Appartement

appartement (het)	**apartment**	[ə'pɑ:tmənt]
kamer (de)	**room**	[rʊ:m]

slaapkamer (de)	bedroom	['bedrʊm]
eetkamer (de)	dining room	['daınıŋ rʊm]
salon (de)	living room	['lıvıŋ ru:m]
studeerkamer (de)	study	['stʌdı]

gang (de)	entry room	['entrı ru:m]
badkamer (de)	bathroom	['bɑ:θrʊm]
toilet (het)	half bath	[hɑ:f bɑ:θ]

plafond (het)	ceiling	['si:lıŋ]
vloer (de)	floor	[flɔ:(r)]
hoek (de)	corner	['kɔ:nə(r)]

88. Appartement. Schoonmaken

schoonmaken (ww)	to clean (vi, vt)	[tə kli:n]
stof (het)	dust	[dʌst]
stoffig (bn)	dusty	['dʌstı]
stoffen (ww)	to dust (vt)	[tə dʌst]
stofzuiger (de)	vacuum cleaner	['vækjʊəm 'kli:nə(r)]
stofzuigen (ww)	to vacuum (vt)	[tə 'vækjʊəm]

vegen (de vloer ~)	to sweep (vi, vt)	[tə swi:p]
veegsel (het)	sweepings	['swi:pıŋz]
orde (de)	order	['ɔ:də(r)]
wanorde (de)	disorder	[dıs'ɔ:də(r)]

zwabber (de)	mop	[mɒp]
poetsdoek (de)	dust cloth	[dʌst klɒθ]
veger (de)	broom	[bru:m]
stofblik (het)	dustpan	['dʌstpæn]

89. Meubels. Interieur

meubels (mv.)	furniture	['fɜ:nıtʃə(r)]
tafel (de)	table	['teıbəl]
stoel (de)	chair	[tʃeə(r)]
bed (het)	bed	[bed]
bankstel (het)	couch, sofa	[kaʊtʃ], ['səʊfə]
fauteuil (de)	armchair	['ɑ:mtʃeə(r)]

boekenkast (de)	bookcase	['bʊkkeıs]
boekenrek (het)	shelf	[ʃelf]
stellingkast (de)	set of shelves	[set əv ʃelvz]

kledingkast (de)	wardrobe	['wɔ:drəʊb]
kapstok (de)	coat rack	['kəʊt ‚ræk]
staande kapstok (de)	coat stand	['kəʊt stænd]

commode (de)	dresser	['dresə(r)]
salontafeltje (het)	coffee table	['kɒfı 'teıbəl]
spiegel (de)	mirror	['mırə(r)]

tapijt (het)	carpet	['kɑːpɪt]
tapijtje (het)	rug, small carpet	[rʌg], [smɔːl 'kɑːpɪt]

haard (de)	fireplace	['faɪəpleɪs]
kaars (de)	candle	['kændəl]
kandelaar (de)	candlestick	['kændəlstɪk]

gordijnen (mv.)	drapes	[dreɪps]
behang (het)	wallpaper	['wɔːlˌpeɪpə(r)]
jaloezie (de)	blinds	[blaɪndz]

bureaulamp (de)	table lamp	['teɪbəl læmp]
staande lamp (de)	floor lamp	[flɔː læmp]
luchter (de)	chandelier	[ʃændə'lɪə(r)]

poot (ov. een tafel, enz.)	leg	[leg]
armleuning (de)	armrest	['ɑːmrest]
rugleuning (de)	back	[bæk]
la (de)	drawer	[drɔː(r)]

90. Beddengoed

beddengoed (het)	bedclothes	['bedkləʊðz]
kussen (het)	pillow	['pɪləʊ]
kussenovertrek (de)	pillowcase	['pɪləʊkeɪs]
deken (de)	blanket	['blæŋkɪt]
laken (het)	sheet	[ʃiːt]
sprei (de)	bedspread	['bedspred]

91. Keuken

keuken (de)	kitchen	['kɪtʃɪn]
gas (het)	gas	[gæs]
gasfornuis (het)	gas cooker	[gæs 'kʊkə(r)]
elektrisch fornuis (het)	electric cooker	[ɪ'lektrɪk 'kʊkə(r)]
oven (de)	oven	['ʌvən]
magnetronoven (de)	microwave oven	['maɪkrəweɪv 'ʌvən]

koelkast (de)	fridge	[frɪdʒ]
diepvriezer (de)	freezer	['friːzə(r)]
vaatwasmachine (de)	dishwasher	['dɪʃwɒʃə(r)]

vleesmolen (de)	meat grinder	[miːt 'graɪndə(r)]
vruchtenpers (de)	juicer	['dʒuːsə]
toaster (de)	toaster	['təʊstə(r)]
mixer (de)	mixer	['mɪksə(r)]

koffiemachine (de)	coffee maker	['kɒfɪ 'meɪkə(r)]
koffiepot (de)	coffee pot	['kɒfɪ pɒt]
koffiemolen (de)	coffee grinder	['kɒfɪ 'graɪndə(r)]
fluitketel (de)	kettle	['ketəl]
theepot (de)	teapot	['tiːpɒt]

| deksel (de/het) | lid | [lɪd] |
| theezeefje (het) | tea strainer | [ti: 'streɪnə(r)] |

lepel (de)	spoon	[spu:n]
theelepeltje (het)	teaspoon	['ti:spu:n]
eetlepel (de)	tablespoon	['teɪbəlspu:n]
vork (de)	fork	[fɔ:k]
mes (het)	knife	[naɪf]

vaatwerk (het)	tableware	['teɪbəlweə(r)]
bord (het)	plate	[pleɪt]
schoteltje (het)	saucer	['sɔ:sə(r)]

likeurglas (het)	shot glass	[ʃɒt glɑ:s]
glas (het)	glass	[glɑ:s]
kopje (het)	cup	[kʌp]

suikerpot (de)	sugar bowl	['ʃʊgə ‚bəʊl]
zoutvat (het)	salt shaker	[sɒlt 'ʃeɪkə]
pepervat (het)	pepper shaker	['pepə 'ʃeɪkə]
boterschaaltje (het)	butter dish	['bʌtə dɪʃ]

steelpan (de)	saucepan	['sɔ:spən]
bakpan (de)	frying pan	['fraɪɪŋ pæn]
pollepel (de)	ladle	['leɪdəl]
vergiet (de/het)	colander	['kʌləndə(r)]
dienblad (het)	tray	[treɪ]

fles (de)	bottle	['bɒtəl]
glazen pot (de)	jar	[dʒɑ:(r)]
blik (conserven~)	can	[kæn]

flesopener (de)	bottle opener	['bɒtəl 'əʊpənə(r)]
blikopener (de)	can opener	[kæn 'əʊpənə(r)]
kurkentrekker (de)	corkscrew	['kɔ:kskru:]
filter (de/het)	filter	['fɪltə(r)]
filteren (ww)	to filter (vt)	[tə 'fɪltə(r)]

| huisvuil (het) | trash | [træʃ] |
| vuilnisemmer (de) | trash can | ['træʃkæn] |

92. Badkamer

badkamer (de)	bathroom	['bɑ:θrʊm]
water (het)	water	['wɔ:tə(r)]
kraan (de)	tap, faucet	[tæp], ['fɔ:sɪt]
warm water (het)	hot water	[hɒt 'wɔ:tə(r)]
koud water (het)	cold water	[‚kəʊld 'wɔ:tə(r)]

| tandpasta (de) | toothpaste | ['tu:θpeɪst] |
| tanden poetsen (ww) | to brush one's teeth | [tə brʌʃ wʌns 'ti:θ] |

| zich scheren (ww) | to shave (vi) | [tə ʃeɪv] |
| scheercrème (de) | shaving foam | ['ʃeɪvɪŋ fəʊm] |

scheermes (het)	**razor**	['reɪzə(r)]
wassen (ww)	**to wash** (vt)	[tə wɒʃ]
een bad nemen	**to take a bath**	[tə teɪk ə bɑ:θ]
douche (de)	**shower**	['ʃaʊə(r)]
een douche nemen	**to take a shower**	[tə teɪk ə 'ʃaʊə(r)]

bad (het)	**bathtub**	['bɑ:θtʌb]
toiletpot (de)	**toilet**	['tɔɪlɪt]
wastafel (de)	**sink, washbasin**	[sɪŋk], ['wɒʃ,beɪsən]

zeep (de)	**soap**	[səʊp]
zeepbakje (het)	**soap dish**	['səʊpdɪʃ]

spons (de)	**sponge**	[spʌndʒ]
shampoo (de)	**shampoo**	[ʃæm'pu:]
handdoek (de)	**towel**	['taʊəl]
badjas (de)	**bathrobe**	['bɑ:θrəʊb]

was (bijv. handwas)	**laundry**	['lɔ:ndrɪ]
wasmachine (de)	**washing machine**	['wɒʃɪŋ mə'ʃi:n]
de was doen	**to do the laundry**	[tə du: ðə 'lɔ:ndrɪ]
waspoeder (de)	**laundry detergent**	['lɔ:ndrɪ dɪ'tɜ:dʒənt]

93. Huishoudelijke apparaten

televisie (de)	**TV set**	[ˌti:'vi: set]
cassettespeler (de)	**tape recorder**	[teɪp rɪ'kɔ:də(r)]
videorecorder (de)	**video, VCR**	['vɪdɪəʊ], [ˌvi:si:'ɑ:(r)]
radio (de)	**radio**	['reɪdɪəʊ]
speler (de)	**player**	['pleɪə(r)]

videoprojector (de)	**video projector**	['vɪdɪəʊ prə'dʒektə(r)]
home theater systeem (het)	**home movie theater**	[həʊm 'mu:vɪ 'θɪətə(r)]
DVD-speler (de)	**DVD player**	[ˌdi:vi:'di: 'pleɪə(r)]
versterker (de)	**amplifier**	['æmplɪfaɪə]
spelconsole (de)	**video game console**	['vɪdɪəʊ geɪm 'kɒnsəʊl]

videocamera (de)	**video camera**	['vɪdɪəʊ 'kæmərə]
fotocamera (de)	**camera**	['kæmərə]
digitale camera (de)	**digital camera**	['dɪdʒɪtəl 'kæmərə]

stofzuiger (de)	**vacuum cleaner**	['vækjʊəm 'kli:nə(r)]
strijkijzer (het)	**iron**	['aɪrən]
strijkplank (de)	**ironing board**	['aɪrənɪŋ bɔ:d]

telefoon (de)	**telephone**	['telɪfəʊn]
mobieltje (het)	**mobile phone**	['məʊbaɪl fəʊn]
schrijfmachine (de)	**typewriter**	['taɪp,raɪtə(r)]
naaimachine (de)	**sewing machine**	['səʊɪŋ mə'ʃi:n]

microfoon (de)	**microphone**	['maɪkrəfəʊn]
koptelefoon (de)	**headphones**	['hedfəʊnz]
afstandsbediening (de)	**remote control**	[rɪ'məʊt kən'trəʊl]
CD (de)	**CD, compact disc**	[ˌsi:'di:], [kəm'pækt dɪsk]

cassette (de)	**cassette**	[kæ'set]
vinylplaat (de)	**vinyl record**	['vaɪnɪl 'rekɔːd]

94. Reparaties. Renovatie

renovatie (de)	**renovations**	[ˌrenə'veɪʃənz]
renoveren (ww)	**to renovate** (vt)	[tə 'renəveɪt]
repareren (ww)	**to repair** (vt)	[tə rɪ'peə(r)]
op orde brengen	**to put in order**	[tə pʊt ɪn 'ɔːdə(r)]
overdoen (ww)	**to redo** (vt)	[tə ˌriː'duː]
verf (de)	**paint**	[peɪnt]
verven (muur ~)	**to paint** (vt)	[tə peɪnt]
schilder (de)	**house painter**	[haʊs 'peɪntə(r)]
kwast (de)	**brush**	[brʌʃ]
kalk (de)	**whitewash**	['waɪtwɒʃ]
kalken (ww)	**to whitewash** (vt)	[tə 'waɪtwɒʃ]
behang (het)	**wallpaper**	['wɔːlˌpeɪpə(r)]
behangen (ww)	**to wallpaper** (vt)	[tə 'wɔːlˌpeɪpə]
lak (de/het)	**varnish**	['vɑːnɪʃ]
lakken (ww)	**to varnish** (vt)	[tə 'vɑːnɪʃ]

95. Loodgieterswerk

water (het)	**water**	['wɔːtə(r)]
warm water (het)	**hot water**	[hɒt 'wɔːtə(r)]
koud water (het)	**cold water**	[ˌkəʊld 'wɔːtə(r)]
kraan (de)	**tap, faucet**	[tæp], ['fɔːsɪt]
druppel (de)	**drop**	[drɒp]
druppelen (ww)	**to drip** (vi)	[tə drɪp]
lekken (een lek hebben)	**to leak** (vi)	[tə liːk]
lekkage (de)	**leak**	[liːk]
plasje (het)	**puddle**	['pʌdəl]
buis, leiding (de)	**pipe**	[paɪp]
stopkraan (de)	**stop valve**	[stɒp vælv]
verstopt raken (ww)	**to be clogged up**	[tə biː ˌklɒgd 'ʌp]
gereedschap (het)	**tools**	[tuːlz]
Engelse sleutel (de)	**adjustable wrench**	[ə'dʒʌstəbəl rentʃ]
losschroeven (ww)	**to unscrew** (vt)	[tə ˌʌn'skruː]
aanschroeven (ww)	**to screw** (vt)	[tə skruː]
ontstoppen (riool, enz.)	**to unclog** (vt)	[tə ˌʌn'klɒg]
loodgieter (de)	**plumber**	['plʌmə(r)]
kelder (de)	**basement**	['beɪsmənt]
riolering (de)	**sewerage**	['suərɪdʒ]

96. Brand. Vuurzee

vuur (het)	fire	['faɪə(r)]
vlam (de)	flame	[fleɪm]
vonk (de)	spark	[spɑːk]
rook (de)	smoke	[sməʊk]
fakkel (de)	torch	[tɔːtʃ]
kampvuur (het)	campfire	['kæmpˌfaɪə(r)]

benzine (de)	gas, gasoline	[gæs], ['gæsəliːn]
kerosine (de)	kerosene	['kerəsiːn]
brandbaar (bn)	flammable	['flæməbəl]
ontplofbaar (bn)	explosive	[ɪk'spləʊsɪv]
VERBODEN TE ROKEN!	NO SMOKING	[nəʊ 'sməʊkɪŋ]

veiligheid (de)	safety	['seɪftɪ]
gevaar (het)	danger	['deɪndʒə(r)]
gevaarlijk (bn)	dangerous	['deɪndʒərəs]

in brand vliegen (ww)	to catch fire	[tə kætʃ 'faɪə(r)]
explosie (de)	explosion	[ɪk'spləʊʒən]
in brand steken (ww)	to set fire	[tə set 'faɪə(r)]
brandstichter (de)	arsonist	['ɑːsənɪst]
brandstichting (de)	arson	['ɑːsən]

vlammen (ww)	to blaze (vi)	[tə bleɪz]
branden (ww)	to burn (vi)	[tə bɜːn]
afbranden (ww)	to burn down (vi)	[tə bɜːn daʊn]

de brandweer bellen	to call the fire department	[tə kɔːl ðə 'faɪə dɪ'pɑːtmənt]
brandweerman (de)	fireman	['faɪəmən]
brandweerwagen (de)	fire truck	['faɪər trʌk]
brandweer (de)	fire department	['faɪə dɪ'pɑːtmənt]
uitschuifbare ladder (de)	fire truck ladder	['faɪər trʌk 'lædə]

brandslang (de)	fire hose	[ˌfaɪə 'həʊz]
brandblusser (de)	fire extinguisher	['faɪər ɪk'stɪŋgwɪʃə(r)]
helm (de)	helmet	['helmɪt]
sirene (de)	siren	['saɪərən]

roepen (ww)	to cry (vi)	[tə kraɪ]
hulp roepen	to call for help	[tə kɔːl fɔː help]
redder (de)	rescuer	['reskjʊə(r)]
redden (ww)	to rescue (vt)	[tə 'reskjuː]

aankomen (per auto, enz.)	to arrive (vi)	[tə ə'raɪv]
blussen (ww)	to extinguish (vt)	[tə ɪk'stɪŋgwɪʃ]
water (het)	water	['wɔːtə(r)]
zand (het)	sand	[sænd]

ruïnes (mv.)	ruins	['ruːɪnz]
instorten (gebouw, enz.)	to collapse (vi)	[tə kə'læps]
ineenstorten (ww)	to fall down (vi)	[tə fɔːl daʊn]
inzakken (ww)	to cave in	[tə keɪv ɪn]
brokstuk (het)	piece of wreckage	[piːs əv 'rekɪdʒ]

as (de)	**ash**	[æʃ]
verstikken (ww)	**to suffocate** (vi)	[tə ˈsʌfəkeɪt]
omkomen (ww)	**to be killed**	[tə biː ˈkɪld]

MENSELIJKE ACTIVITEITEN

Baan. Business. Deel 1

97. Bankieren

bank (de)	bank	[bæŋk]
bankfiliaal (het)	branch	[brɑːntʃ]
bankbediende (de)	clerk, consultant	[klɜːk], [kənˈsʌltənt]
manager (de)	manager	[ˈmænɪdʒə(r)]
bankrekening (de)	banking account	[bæŋkɪŋ əˈkaʊnt]
rekeningnummer (het)	account number	[əˈkaʊnt ˈnʌmbə(r)]
lopende rekening (de)	checking account	[ˈtʃekɪŋ əˈkaʊnt]
spaarrekening (de)	savings account	[ˈseɪvɪŋz əˈkaʊnt]
een rekening openen	to open an account	[tu ˈəʊpən ən əˈkaʊnt]
de rekening sluiten	to close the account	[tə kləʊz ðɪ əˈkaʊnt]
storting (de)	deposit	[dɪˈpɒzɪt]
een storting maken	to make a deposit	[tə meɪk ə dɪˈpɒzɪt]
overschrijving (de)	wire transfer	[ˈwaɪə ˈtrænsfɜː(r)]
een overschrijving maken	to wire, to transfer	[tə ˈwaɪə], [tə trænsˈfɜː]
som (de)	sum	[sʌm]
Hoeveel?	How much?	[ˌhaʊ ˈmʌtʃ]
handtekening (de)	signature	[ˈsɪgnətʃə(r)]
ondertekenen (ww)	to sign (vt)	[tə saɪn]
kredietkaart (de)	credit card	[ˈkredɪt kɑːd]
code (de)	code	[kəʊd]
kredietkaartnummer (het)	credit card number	[ˈkredɪt kɑːd ˈnʌmbə(r)]
geldautomaat (de)	ATM	[ˌeɪtiːˈem]
cheque (de)	check	[tʃek]
een cheque uitschrijven	to write a check	[tə ˌraɪt ə ˈtʃek]
chequeboekje (het)	checkbook	[ˈtʃekˌbʊk]
lening, krediet (de)	loan	[ləʊn]
een lening aanvragen	to apply for a loan	[tə əˈplaɪ fɔːrə ləʊn]
een lening nemen	to get a loan	[tə get ə ləʊn]
een lening verlenen	to give a loan	[tə gɪv ə ləʊn]
garantie (de)	guarantee	[ˌgærənˈtiː]

98. Telefoon. Telefoongesprek

telefoon (de)	telephone	['telɪfəʊn]
mobieltje (het)	mobile phone	['məʊbaɪl fəʊn]
antwoordapparaat (het)	answering machine	['ɑːnsərɪŋ mə'ʃiːn]
bellen (ww)	to call (vi, vt)	[tə kɔːl]
belletje (telefoontje)	phone call	[fəʊn kɔːl]
een nummer draaien	to dial a number	[tə 'daɪəl ə 'nʌmbə(r)]
Hallo!	Hello!	[hə'ləʊ]
vragen (ww)	to ask (vt)	[tə ɑːsk]
antwoorden (ww)	to answer (vi, vt)	[tə 'ɑːnsə(r)]
horen (ww)	to hear (vt)	[tə hɪə(r)]
goed (bw)	well	[wel]
slecht (bw)	not well	[nɒt wel]
storingen (mv.)	noises	[nɔɪzɪz]
hoorn (de)	receiver	[rɪ'siːvə(r)]
opnemen (ww)	to pick up the phone	[tə pɪk ʌp ðə fəʊn]
ophangen (ww)	to hang up	[tə hæŋg ʌp]
bezet (bn)	busy	['bɪzɪ]
overgaan (ww)	to ring (vi)	[tə rɪŋ]
telefoonboek (het)	telephone book	['telɪfəʊn bʊk]
lokaal (bn)	local	['ləʊkəl]
interlokaal (bn)	long distance	[lɒŋ 'dɪstəns]
buitenlands (bn)	international	[ˌɪntə'næʃənəl]

99. Mobiele telefoon

mobieltje (het)	mobile phone	['məʊbaɪl fəʊn]
scherm (het)	display	[dɪ'spleɪ]
toets, knop (de)	button	['bʌtən]
simkaart (de)	SIM card	[sɪm kɑːd]
batterij (de)	battery	['bætərɪ]
leeg zijn (ww)	to be dead	[tə bi ded]
acculader (de)	charger	['tʃɑːdʒə(r)]
menu (het)	menu	['menjuː]
instellingen (mv.)	settings	['setɪŋz]
melodie (beltoon)	tune	[tjuːn]
selecteren (ww)	to select (vt)	[tə sɪ'lekt]
rekenmachine (de)	calculator	['kælkjʊleɪtə(r)]
voicemail (de)	voice mail	[vɔɪs meɪl]
wekker (de)	alarm clock	[ə'lɑːm klɒk]
contacten (mv.)	contacts	['kɒntækts]
SMS-bericht (het)	SMS	[ˌesem'es]
abonnee (de)	subscriber	[səb'skraɪbə(r)]

100. Schrijfbehoeften

balpen (de)	**ballpoint pen**	[ˈbɔːlpɔɪnt pen]
vulpen (de)	**fountain pen**	[ˈfaʊntɪn pen]
potlood (het)	**pencil**	[ˈpensəl]
marker (de)	**highlighter**	[ˈhaɪlaɪtə(r)]
viltstift (de)	**felt-tip pen**	[felt tɪp pen]
notitieboekje (het)	**notepad**	[ˈnəʊtpæd]
agenda (boekje)	**agenda**	[əˈdʒendə]
liniaal (de/het)	**ruler**	[ˈruːlə(r)]
rekenmachine (de)	**calculator**	[ˈkælkjʊleɪtə(r)]
gom (de)	**eraser**	[ɪˈreɪsə(r)]
punaise (de)	**thumbtack**	[ˈθʌmtæk]
paperclip (de)	**paper clip**	[ˈpeɪpə klɪp]
lijm (de)	**glue**	[gluː]
nietmachine (de)	**stapler**	[ˈsteɪplə(r)]
perforator (de)	**hole punch**	[həʊl pʌntʃ]
potloodslijper (de)	**pencil sharpener**	[ˈpensəl ˈʃɑːpənə(r)]

Baan. Business. Deel 2

101. Massamedia

krant (de)	newspaper	['nju:z‚peɪpə(r)]
tijdschrift (het)	magazine	[‚mægə'zi:n]
pers (gedrukte media)	press	[pres]
radio (de)	radio	['reɪdɪəʊ]
radiostation (het)	radio station	['reɪdɪəʊ 'steɪʃən]
televisie (de)	television	['telɪ‚vɪʒən]
presentator (de)	presenter, host	[prɪ'zentə(r)], [həʊst]
nieuwslezer (de)	newscaster	['nju:z‚kɑ:stə(r)]
commentator (de)	commentator	['kɒmən‚teɪtə(r)]
journalist (de)	journalist	['dʒɜ:nəlɪst]
correspondent (de)	correspondent	[‚kɒrɪ'spɒndənt]
fotocorrespondent (de)	press photographer	[pres fə'tɒgrəfə(r)]
reporter (de)	reporter	[rɪ'pɔ:tə(r)]
redacteur (de)	editor	['edɪtə(r)]
chef-redacteur (de)	editor-in-chief	['edɪtər ɪn tʃi:f]
zich abonneren op	to subscribe to ...	[tə səb'skraɪb tə]
abonnement (het)	subscription	[səb'skrɪpʃən]
abonnee (de)	subscriber	[səb'skraɪbə(r)]
lezen (ww)	to read (vi, vt)	[tə ri:d]
lezer (de)	reader	['ri:də(r)]
oplage (de)	circulation	[‚sɜ:kjʊ'leɪʃən]
maand-, maandelijks (bn)	monthly	['mʌnθlɪ]
wekelijks (bn)	weekly	['wi:klɪ]
nummer (het)	issue	['ɪʃu:]
vers (~ van de pers)	new, recent	[nju:], ['ri:sənt]
kop (de)	headline	['hedlaɪn]
korte artikel (het)	short article	[ʃɔ:t 'ɑ:tɪkəl]
rubriek (de)	column	['kɒləm]
artikel (het)	article	['ɑ:tɪkəl]
pagina (de)	page	[peɪdʒ]
reportage (de)	reportage, report	[‚repɔ:'tɑ:ʒ], [rɪ'pɔ:t]
gebeurtenis (de)	event	[ɪ'vent]
sensatie (de)	sensation	[sen'seɪʃən]
schandaal (het)	scandal	['skændəl]
schandalig (bn)	scandalous	['skændələs]
groot (~ schandaal, enz.)	great	[greɪt]
programma (het)	program	['prəʊgræm]
interview (het)	interview	['ɪntəvju:]

| live uitzending (de) | **live broadcast** | [laɪv 'brɔːdkɑːst] |
| kanaal (het) | **channel** | ['tʃænəl] |

102. Landbouw

landbouw (de)	**agriculture**	['ægrɪˌkʌltʃə(r)]
boer (de)	**peasant**	['pezənt]
boerin (de)	**peasant**	['pezənt]
landbouwer (de)	**farmer**	['fɑːmə(r)]

| tractor (de) | **tractor** | ['træktə(r)] |
| maaidorser (de) | **harvester** | ['hɑːvɪstə(r)] |

ploeg (de)	**plow**	[plaʊ]
ploegen (ww)	**to plow** (vi, vt)	[tə plaʊ]
akkerland (het)	**plowland**	[plaʊ lænd]
voor (de)	**furrow**	['fʌrəʊ]

zaaien (ww)	**to sow** (vi, vt)	[tə səʊ]
zaaimachine (de)	**seeder**	['siːdə(r)]
zaaien (het)	**sowing**	['səʊɪŋ]

| zeis (de) | **scythe** | [saɪð] |
| maaien (ww) | **to mow, to scythe** | [tə məʊ], [tə saɪð] |

| schop (de) | **spade** | [speɪd] |
| spitten (ww) | **to till** (vt) | [tə tɪl] |

schoffel (de)	**hoe**	[həʊ]
wieden (ww)	**to hoe, to weed**	[tə həʊ], [tə wiːd]
onkruid (het)	**weed**	[wiːd]

gieter (de)	**watering can**	['wɔːtərɪŋ kæn]
begieten (water geven)	**to water** (vt)	[tə 'wɔːtə(r)]
bewatering (de)	**watering**	['wɔːtərɪŋ]

| riek, hooivork (de) | **pitchfork** | ['pɪtʃfɔːk] |
| hark (de) | **rake** | [reɪk] |

meststof (de)	**fertilizer**	['fɜːtɪlaɪzə(r)]
bemesten (ww)	**to fertilize** (vt)	[tə 'fɜːtɪlaɪz]
mest (de)	**manure**	[mə'njʊə(r)]

veld (het)	**field**	[fiːld]
wei (de)	**meadow**	['medəʊ]
moestuin (de)	**vegetable garden**	['vedʒtəbəl 'gɑːdən]
boomgaard (de)	**orchard**	['ɔːtʃəd]

weiden (ww)	**to graze** (vt)	[tə greɪz]
herder (de)	**herdsman**	['hɜːdzmən]
weiland (de)	**pastureland**	['pɑːstʃələænd]

| veehouderij (de) | **cattle breeding** | ['kætəl 'briːdɪŋ] |
| schapenteelt (de) | **sheep farming** | [ʃiːp 'fɑːmɪŋ] |

plantage (de)	plantation	[plæn'teɪʃən]
rijtje (het)	row	[rəʊ]
broeikas (de)	hothouse	['hɒthaʊs]

droogte (de)	drought	[draʊt]
droog (bn)	dry	[draɪ]

graan (het)	grain	[greɪn]
oogsten (ww)	to harvest (vt)	[tə 'hɑːvɪst]

molenaar (de)	miller	['mɪlə(r)]
molen (de)	mill	[mɪl]
malen (graan ~)	to grind (vt)	[tə graɪnd]
bloem (bijv. tarwebloem)	flour	['flaʊə(r)]
stro (het)	straw	[strɔː]

103. Gebouw. Bouwproces

bouwplaats (de)	construction site	[kən'strʌkʃən saɪt]
bouwen (ww)	to build (vt)	[tə bɪld]
bouwvakker (de)	construction worker	[kən'strʌkʃən 'wɜːkə(r)]

project (het)	project	['prɒdʒekt]
architect (de)	architect	['ɑːkɪtekt]
arbeider (de)	worker	['wɜːkə(r)]

fundering (de)	foundation	[faʊn'deɪʃən]
dak (het)	roof	[ruːf]
heipaal (de)	foundation pile	[faʊn'deɪʃən paɪl]
muur (de)	wall	[wɔːl]

betonstaal (het)	reinforcing bars	[ˌriːɪn'fɔːsɪŋ bɑː(r)s]
steigers (mv.)	scaffolding	['skæfəldɪŋ]

beton (het)	concrete	['kɒŋkriːt]
graniet (het)	granite	['grænɪt]
steen (de)	stone	[stəʊn]
baksteen (de)	brick	[brɪk]

zand (het)	sand	[sænd]
cement (de/het)	cement	[sɪ'ment]
pleister (het)	plaster	['plɑːstə(r)]
pleisteren (ww)	to plaster (vt)	[tə 'plɑːstə(r)]
verf (de)	paint	[peɪnt]
verven (muur ~)	to paint (vt)	[tə peɪnt]
ton (de)	barrel	['bærəl]

kraan (de)	crane	[kreɪn]
heffen, hijsen (ww)	to lift (vt)	[tə lɪft]
neerlaten (ww)	to lower (vt)	[tə 'ləʊə(r)]

bulldozer (de)	bulldozer	['bʊldəʊzə(r)]
graafmachine (de)	excavator	['ekskəˌveɪtə(r)]
graafbak (de)	scoop, bucket	[skuːp], ['bʌkɪt]

| graven (tunnel, enz.) | **to dig** (vt) | [tə dɪg] |
| helm (de) | **hard hat** | [hɑːd hæt] |

Beroepen en ambachten

104. Zoeken naar werk. Ontslag

| baan (de) | job | [dʒɒb] |
| werknemers (mv.) | staff | [stɑːf] |

carrière (de)	career	[kə'rɪə(r)]
vooruitzichten (mv.)	prospects	['prɒspekts]
meesterschap (het)	skills, mastery	[skɪls], ['mɑːstərɪ]

keuze (de)	selection	[sɪ'lekʃən]
uitzendbureau (het)	employment agency	[ɪm'plɔɪmənt 'eɪdʒənsɪ]
CV, curriculum vitae (het)	résumé	['rezjuːmeɪ]
sollicitatiegesprek (het)	interview	['ɪntəvjuː]
vacature (de)	vacancy, opening	['veɪkənsɪ], ['əupənɪŋ]

| salaris (het) | salary, pay | ['sælərɪ], [peɪ] |
| loon (het) | pay, compensation | [peɪ], [ˌkɒmpen'seɪʃən] |

betrekking (de)	position	[pə'zɪʃən]
taak, plicht (de)	duty	['djuːtɪ]
takenpakket (het)	range of duties	[reɪndʒ əv 'djuːtɪz]
bezig (~ zijn)	busy	['bɪzɪ]

| ontslagen (ww) | to fire, to dismiss | [tə 'faɪə], [tə dɪs'mɪs] |
| ontslag (het) | dismissal | [dɪs'mɪsəl] |

werkloosheid (de)	unemployment	[ˌʌnɪm'plɔɪmənt]
werkloze (de)	unemployed	[ˌʌnɪm'plɔɪd]
pensioen (het)	retirement	[rɪ'taɪəmənt]
met pensioen gaan	to retire (vi)	[tə rɪ'taɪə(r)]

105. Zakenmensen

directeur (de)	director	[dɪ'rektə(r)]
beheerder (de)	manager	['mænɪdʒə(r)]
hoofd (het)	boss	[bɒs]

baas (de)	superior	[suː'pɪərɪə]
superieuren (mv.)	superiors	[suː'pɪərɪərz]
president (de)	president	['prezɪdənt]
voorzitter (de)	chairman	['tʃeəmən]

adjunct (de)	deputy	['depjʊtɪ]
assistent (de)	assistant	[ə'sɪstənt]
secretaris (de)	secretary	['sekrətərɪ]
persoonlijke assistent (de)	personal assistant	['pɜːsənəl ə'sɪstənt]

zakenman (de)	businessman	['bɪznɪsmæn]
ondernemer (de)	entrepreneur	[ˌɒntrəprə'nɜ:(r)]
oprichter (de)	founder	['faʊndə(r)]
oprichten	to found (vt)	[tə faʊnd]
(een nieuw bedrijf ~)		

stichter (de)	incorporator	[ɪn'kɔ:pəreɪtə]
partner (de)	partner	['pɑ:tnə(r)]
aandeelhouder (de)	stockholder	['stɒkˌhəʊldə(r)]

miljonair (de)	millionaire	[ˌmɪljə'neə(r)]
miljardair (de)	billionaire	[ˌbɪljə'neə(r)]
eigenaar (de)	owner	['əʊnə(r)]
landeigenaar (de)	landowner	['lændˌəʊnə(r)]

klant (de)	client	['klaɪənt]
vaste klant (de)	regular client	['regjʊlə 'klaɪənt]
koper (de)	buyer	['baɪə(r)]
bezoeker (de)	visitor	['vɪzɪtə(r)]

professioneel (de)	professional	[prə'feʃənəl]
expert (de)	expert	['ekspɜ:t]
specialist (de)	specialist	['speʃəlɪst]

bankier (de)	banker	['bæŋkə(r)]
makelaar (de)	broker	['brəʊkə(r)]

kassier (de)	cashier, teller	[kæ'ʃɪə], ['telə]
boekhouder (de)	accountant	[ə'kaʊntənt]
bewaker (de)	security guard	[sɪ'kjʊərətɪ gɑ:d]

investeerder (de)	investor	[ɪn'vestə(r)]
schuldenaar (de)	debtor	['detə(r)]
crediteur (de)	creditor	['kredɪtə(r)]
lener (de)	borrower	['bɒrəʊə(r)]

importeur (de)	importer	[ɪm'pɔ:tə(r)]
exporteur (de)	exporter	[ek'spɔ:tə(r)]

producent (de)	manufacturer	[ˌmænjʊ'fæktʃərə(r)]
distributeur (de)	distributor	[dɪ'strɪbjʊtə(r)]
bemiddelaar (de)	middleman	['mɪdəlmæn]

adviseur, consulent (de)	consultant	[kən'sʌltənt]
vertegenwoordiger (de)	sales representative	['seɪlz ˌreprɪ'zentətɪv]
agent (de)	agent	['eɪdʒənt]
verzekeringsagent (de)	insurance agent	[ɪn'ʃʊə:rəns 'eɪdʒənt]

106. Dienstverlenende beroepen

kok (de)	cook	[kʊk]
chef-kok (de)	chef	[ʃef]
barman (de)	bartender	['bɑ:rˌtendə(r)]
kelner, ober (de)	waiter	['weɪtə(r)]

serveerster (de)	waitress	['weɪtrɪs]
advocaat (de)	lawyer, attorney	['lɔːjə(r)], [ə'tɜːnɪ]
jurist (de)	lawyer	['lɔːjə(r)]
notaris (de)	notary	['nəʊtərɪ]

elektricien (de)	electrician	[ˌɪlek'trɪʃən]
loodgieter (de)	plumber	['plʌmə(r)]
timmerman (de)	carpenter	['kɑːpəntə(r)]

masseur (de)	masseur	[mæ'sʊər]
masseuse (de)	masseuse	[mæ'suːz]
dokter, arts (de)	doctor	['dɒktə(r)]

taxichauffeur (de)	taxi driver	['tæksɪ 'draɪvə(r)]
chauffeur (de)	driver	['draɪvə(r)]
koerier (de)	delivery man	[dɪ'lɪvərɪ mæn]

kamermeisje (het)	chambermaid	['tʃeɪmbəˌmeɪd]
bewaker (de)	security guard	[sɪ'kjʊərətɪ gɑːd]
stewardess (de)	flight attendant	[ˌflaɪt ə'tendənt]

meester (de)	teacher	['tiːtʃə(r)]
bibliothecaris (de)	librarian	[laɪ'breərɪən]
vertaler (de)	translator	[træns'leɪtə(r)]
tolk (de)	interpreter	[ɪn'tɜːprɪtə(r)]
gids (de)	guide	[gaɪd]

kapper (de)	hairdresser	['heəˌdresə(r)]
postbode (de)	mailman	['meɪlmən]
verkoper (de)	salesman	['seɪlzmən]

tuinman (de)	gardener	['gɑːdnə(r)]
huisbediende (de)	servant	['sɜːvənt]
dienstmeisje (het)	maid	[meɪd]
schoonmaakster (de)	cleaner	['kliːnə(r)]

107. Militaire beroepen en rangen

soldaat (rang)	private	['praɪvɪt]
sergeant (de)	sergeant	['sɑːdʒənt]
luitenant (de)	lieutenant	[luː'tenənt]
kapitein (de)	captain	['kæptɪn]

majoor (de)	major	['meɪdʒə(r)]
kolonel (de)	colonel	['kɜːnəl]
generaal (de)	general	['dʒenərəl]
maarschalk (de)	marshal	['mɑːʃəl]
admiraal (de)	admiral	['ædmərəl]

militair (de)	military man	['mɪlɪtərɪ mæn]
soldaat (de)	soldier	['səʊldʒə(r)]
officier (de)	officer	['ɒfɪsə(r)]
commandant (de)	commander	[kə'mɑːndə(r)]
grenswachter (de)	border guard	['bɔːdə gɑːd]

marconist (de)	radio operator	[ˈreɪdɪəʊ ˈɒpəreɪtə(r)]
verkenner (de)	scout	[skaʊt]
sappeur (de)	pioneer	[ˌpaɪəˈnɪə(r)]
schutter (de)	marksman	[ˈmɑːksmən]
stuurman (de)	navigator	[ˈnævɪgeɪtə(r)]

108. Ambtenaren. Priesters

koning (de)	king	[kɪŋ]
koningin (de)	queen	[kwiːn]

prins (de)	prince	[prɪns]
prinses (de)	princess	[prɪnˈses]

tsaar (de)	tsar	[zɑː(r)]
tsarina (de)	czarina	[zɑːˈriːnə]

president (de)	President	[ˈprezɪdənt]
minister (de)	Secretary	[ˈsekrətərɪ]
eerste minister (de)	Prime minister	[praɪm ˈmɪnɪstə(r)]
senator (de)	Senator	[ˈsenətə(r)]

diplomaat (de)	diplomat	[ˈdɪpləmæt]
consul (de)	consul	[ˈkɒnsəl]
ambassadeur (de)	ambassador	[æmˈbæsədə(r)]
adviseur (de)	advisor	[ədˈvaɪzə(r)]

ambtenaar (de)	official	[əˈfɪʃəl]
prefect (de)	prefect	[ˈpriːfekt]
burgemeester (de)	mayor	[meə(r)]

rechter (de)	judge	[dʒʌdʒ]
aanklager (de)	district attorney	[ˈdɪstrɪkt əˈtɜːnɪ]

missionaris (de)	missionary	[ˈmɪʃənrɪ]
monnik (de)	monk	[mʌŋk]
abt (de)	abbot	[ˈæbət]
rabbi, rabbijn (de)	rabbi	[ˈræbaɪ]

vizier (de)	vizier	[vɪˈzɪə(r)]
sjah (de)	shah	[ʃɑː]
sjeik (de)	sheikh	[ʃeɪk]

109. Agrarische beroepen

imker (de)	beekeeper	[ˈbiːˌkiːpə(r)]
herder (de)	herder	[ˈhɜːdə(r)]
landbouwkundige (de)	agronomist	[əˈgrɒnəmɪst]
veehouder (de)	cattle breeder	[ˈkætəl ˈbriːdə(r)]
dierenarts (de)	veterinarian	[ˌvetərɪˈneərɪən]
landbouwer (de)	farmer	[ˈfɑːmə(r)]
wijnmaker (de)	winemaker	[ˈwaɪn ˌmeɪkə(r)]

zoöloog (de)	**zoologist**	[zəʊˈɒlədʒɪst]
cowboy (de)	**cowboy**	[ˈkaʊbɔɪ]

110. Kunst beroepen

acteur (de)	**actor**	[ˈæktə(r)]
actrice (de)	**actress**	[ˈæktrɪs]
zanger (de)	**singer**	[ˈsɪŋə(r)]
zangeres (de)	**singer**	[ˈsɪŋə(r)]
danser (de)	**dancer**	[ˈdɑːnsə(r)]
danseres (de)	**dancer**	[ˈdɑːnsə(r)]
muzikant (de)	**musician**	[mjuːˈzɪʃən]
pianist (de)	**pianist**	[ˈpɪənɪst]
gitarist (de)	**guitar player**	[gɪˈtɑːr ˈpleɪə(r)]
orkestdirigent (de)	**conductor**	[kənˈdʌktə(r)]
componist (de)	**composer**	[kəmˈpəʊzə(r)]
impresario (de)	**impresario**	[ˌɪmprɪˈsɑːrɪəʊ]
filmregisseur (de)	**movie director**	[ˈmuːvɪ dɪˈrektə(r)]
filmproducent (de)	**producer**	[prəˈdjuːsə(r)]
scenarioschrijver (de)	**scriptwriter**	[ˈskrɪptˌraɪtə(r)]
criticus (de)	**critic**	[ˈkrɪtɪk]
schrijver (de)	**writer**	[ˈraɪtə(r)]
dichter (de)	**poet**	[ˈpəʊɪt]
beeldhouwer (de)	**sculptor**	[ˈskʌlptə(r)]
kunstenaar (de)	**artist, painter**	[ˈɑːtɪst], [ˈpeɪntə(r)]
jongleur (de)	**juggler**	[ˈdʒʌglə(r)]
clown (de)	**clown**	[klaʊn]
acrobaat (de)	**acrobat**	[ˈækrəbæt]
goochelaar (de)	**magician**	[məˈdʒɪʃən]

111. Verschillende beroepen

dokter, arts (de)	**doctor**	[ˈdɒktə(r)]
ziekenzuster (de)	**nurse**	[nɜːs]
psychiater (de)	**psychiatrist**	[saɪˈkaɪətrɪst]
tandarts (de)	**dentist**	[ˈdentɪst]
chirurg (de)	**surgeon**	[ˈsɜːdʒən]
astronaut (de)	**astronaut**	[ˈæstrənɔːt]
astronoom (de)	**astronomer**	[əˈstrɒnəmə(r)]
piloot (de)	**pilot**	[ˈpaɪlət]
chauffeur (de)	**driver**	[ˈdraɪvə(r)]
machinist (de)	**engineer**	[ˌendʒɪˈnɪə(r)]
mecanicien (de)	**mechanic**	[mɪˈkænɪk]

mijnwerker (de)	**miner**	['maɪnə(r)]
arbeider (de)	**worker**	['wɜːkə(r)]
bankwerker (de)	**metalworker**	['metəl͵wɜːkə(r)]
houtbewerker (de)	**joiner**	['dʒɔɪnə(r)]
draaier (de)	**turner**	['tɜːnə(r)]
bouwvakker (de)	**construction worker**	[kən'strʌkʃən 'wɜːkə(r)]
lasser (de)	**welder**	[weldə(r)]
professor (de)	**professor**	[prə'fesə(r)]
architect (de)	**architect**	['ɑːkɪtekt]
historicus (de)	**historian**	[hɪ'stɔːrɪən]
wetenschapper (de)	**scientist**	['saɪəntɪst]
fysicus (de)	**physicist**	['fɪzɪsɪst]
scheikundige (de)	**chemist**	['kemɪst]
archeoloog (de)	**archeologist**	[͵ɑːkɪ'ɒlədʒɪst]
geoloog (de)	**geologist**	[dʒɪ'ɒlədʒɪst]
onderzoeker (de)	**researcher**	[rɪ'sɜːtʃə(r)]
babysitter (de)	**babysitter**	['beɪbɪ ͵sɪtə(r)]
leraar, pedagoog (de)	**teacher, educator**	['tiːtʃə(r)], ['edʒukeɪtə(r)]
redacteur (de)	**editor**	['edɪtə(r)]
chef-redacteur (de)	**editor-in-chief**	['edɪtər ɪn tʃiːf]
correspondent (de)	**correspondent**	[͵kɒrɪ'spɒndənt]
typiste (de)	**typist**	['taɪpɪst]
designer (de)	**designer**	[dɪ'zaɪnə(r)]
computerexpert (de)	**computer expert**	[kəm'pjuːtər 'ekspɜːt]
programmeur (de)	**programmer**	['prəʊɡræmə(r)]
ingenieur (de)	**engineer**	[͵endʒɪ'nɪə(r)]
matroos (de)	**sailor**	['seɪlə(r)]
zeeman (de)	**seaman**	['siːmən]
redder (de)	**rescuer**	['reskjʊə(r)]
brandweerman (de)	**fireman**	['faɪəmən]
politieagent (de)	**policeman**	[pə'liːsmən]
nachtwaker (de)	**watchman**	['wɒtʃmən]
detective (de)	**detective**	[dɪ'tektɪv]
douanier (de)	**customs officer**	['kʌstəmz 'ɒfɪsə(r)]
lijfwacht (de)	**bodyguard**	['bɒdɪɡɑːd]
gevangenisbewaker (de)	**prison guard**	['prɪzən ɡɑːd]
inspecteur (de)	**inspector**	[ɪn'spektə(r)]
sportman (de)	**sportsman**	['spɔːtsmən]
trainer (de)	**trainer, coach**	['treɪnə(r)], [kəʊtʃ]
slager, beenhouwer (de)	**butcher**	['bʊtʃə(r)]
schoenlapper (de)	**cobbler**	['kɒblə(r)]
handelaar (de)	**merchant**	['mɜːtʃənt]
lader (de)	**loader**	['ləʊdə(r)]
kledingstilist (de)	**fashion designer**	['fæʃən dɪ'zaɪnə(r)]
model (het)	**model**	['mɒdəl]

112. Beroepen. Sociale status

scholier (de)	schoolboy	['sku:lbɔɪ]
student (de)	student	['stju:dənt]
filosoof (de)	philosopher	[fɪ'lɒsəfə(r)]
econoom (de)	economist	[ɪ'kɒnəmɪst]
uitvinder (de)	inventor	[ɪn'ventə(r)]
werkloze (de)	unemployed	[ˌʌnɪm'plɔɪd]
gepensioneerde (de)	retiree	[ˌrɪtaɪə'ri:]
spion (de)	spy, secret agent	[spaɪ], ['si:krɪt 'eɪdʒənt]
gedetineerde (de)	prisoner	['prɪzənə(r)]
staker (de)	striker	['straɪkə(r)]
bureaucraat (de)	bureaucrat	['bjʊərəkræt]
reiziger (de)	traveler	['trævələ(r)]
homoseksueel (de)	homosexual	[ˌhɒmə'sekʃʊəl]
hacker (computerkraker)	hacker	['hækə(r)]
hippie (de)	hippie	['hɪpɪ]
bandiet (de)	bandit	['bændɪt]
huurmoordenaar (de)	hit man, killer	[hɪt mæn], ['kɪlə(r)]
drugsverslaafde (de)	drug addict	['drʌgˌædɪkt]
drugshandelaar (de)	drug dealer	['drʌg ˌdi:lə(r)]
prostituee (de)	prostitute	['prɒstɪtju:t]
pooier (de)	pimp	[pɪmp]
tovenaar (de)	sorcerer	['sɔ:sərə(r)]
tovenares (de)	sorceress	['sɔ:sərɪs]
piraat (de)	pirate	['paɪrət]
slaaf (de)	slave	[sleɪv]
samoerai (de)	samurai	['sæmʊraɪ]
wilde (de)	savage	['sævɪdʒ]

Sport

113. Soorten sporten. Sporters

sportman (de)	**sportsman**	['spɔ:tsmən]
soort sport (de/het)	**kind of sports**	[kaɪnd əv spɔ:ts]
basketbal (het)	**basketball**	['bɑ:skɪtbɔ:l]
basketbalspeler (de)	**basketball player**	['bɑ:skɪtbɔ:l 'pleɪə(r)]
baseball (het)	**baseball**	['beɪsbɔ:l]
baseballspeler (de)	**baseball player**	['beɪsbɔ:l 'pleɪə(r)]
voetbal (het)	**soccer**	['sɒkə(r)]
voetballer (de)	**soccer player**	['sɒkə 'pleɪə(r)]
doelman (de)	**goalkeeper**	['gəʊlˌki:pə(r)]
hockey (het)	**hockey**	[ˌhɒkɪ]
hockeyspeler (de)	**hockey player**	[ˌhɒkɪ 'pleɪə(r)]
volleybal (het)	**volleyball**	['vɒlɪbɔ:l]
volleybalspeler (de)	**volleyball player**	['vɒlɪbɔ:l 'pleɪə(r)]
boksen (het)	**boxing**	['bɒksɪŋ]
bokser (de)	**boxer**	['bɒksə(r)]
worstelen (het)	**wrestling**	['reslɪŋ]
worstelaar (de)	**wrestler**	['reslə(r)]
karate (de)	**karate**	[kə'rɑ:tɪ]
karateka (de)	**karate fighter**	[kə'rɑ:tɪ 'faɪtər]
judo (de)	**judo**	['dʒu:dəʊ]
judoka (de)	**judo athlete**	['dʒu:dəʊ 'æθli:t]
tennis (het)	**tennis**	['tenɪs]
tennisspeler (de)	**tennis player**	['tenɪs 'pleɪə(r)]
zwemmen (het)	**swimming**	['swɪmɪŋ]
zwemmer (de)	**swimmer**	['swɪmə(r)]
schermen (het)	**fencing**	['fensɪŋ]
schermer (de)	**fencer**	['fensə(r)]
schaak (het)	**chess**	[tʃes]
schaker (de)	**chess player**	[tʃes 'pleɪə(r)]
alpinisme (het)	**alpinism**	['ælpɪnɪzəm]
alpinist (de)	**alpinist**	['ælpɪnɪst]
hardlopen (het)	**running**	['rʌnɪŋ]

renner (de)	runner	['rʌnə(r)]
atletiek (de)	athletics	[æθ'letɪks]
atleet (de)	athlete	['æθliːt]

| paardensport (de) | horseback riding | ['hɔːsbæk 'raɪdɪŋ] |
| ruiter (de) | horse rider | [hɔːs 'raɪdə(r)] |

kunstschaatsen (het)	figure skating	['fɪgjə 'skeɪtɪŋ]
kunstschaatser (de)	figure skater	['fɪgjə 'skeɪtə(r)]
kunstschaatsster (de)	figure skater	['fɪgjə 'skeɪtə(r)]

| gewichtheffen (het) | weightlifting | ['weɪtˌlɪftɪŋ] |
| gewichtheffer (de) | weightlifter | ['weɪtˌlɪftə(r)] |

| autoraces (mv.) | car racing | [kɑ 'reɪsɪŋ] |
| coureur (de) | racing driver | ['reɪsɪŋ 'draɪvə(r)] |

| wielersport (de) | cycling | ['saɪklɪŋ] |
| wielrenner (de) | cyclist | ['saɪklɪst] |

verspringen (het)	broad jump	[brɔːd dʒʌmp]
polsstokspringen (het)	pole vault	[pəʊl 'vɔːlt]
verspringer (de)	jumper	['dʒʌmpə(r)]

114. Soorten sporten. Diversen

Amerikaans voetbal (het)	football	['fʊtˌbɔːl]
badminton (het)	badminton	['bædmɪntən]
biatlon (de)	biathlon	[baɪ'æθlɒn]
biljart (het)	billiards	['bɪljədz]

bobsleeën (het)	bobsled	['bɒbsled]
bodybuilding (de)	bodybuilding	['bɒdɪˌbɪldɪŋ]
waterpolo (het)	water polo	['wɔːtə 'pəʊləʊ]
handbal (de)	handball	['hændbɔːl]
golf (het)	golf	[gɒlf]

roeisport (de)	rowing	['rəʊɪŋ]
duiken (het)	scuba diving	['skuːbə 'daɪvɪŋ]
langlaufen (het)	cross-country skiing	[krɒs 'kʌntrɪ 'skiːɪŋ]
tafeltennis (het)	ping-pong	['pɪŋpɒŋ]

zeilen (het)	sailing	['seɪlɪŋ]
rally (de)	rally racing	['rælɪ 'reɪsɪŋ]
rugby (het)	rugby	['rʌgbɪ]
snowboarden (het)	snowboarding	['snəʊbɔːdɪŋ]
boogschieten (het)	archery	['ɑːtʃərɪ]

115. Fitnessruimte

| lange halter (de) | barbell | ['bɑːbel] |
| halters (mv.) | dumbbells | ['dʌmbelz] |

training machine (de)	training machine	['treɪnɪŋ məˈʃiːn]
hometrainer (de)	bicycle trainer	['baɪsɪkəl 'treɪnə(r)]
loopband (de)	treadmill	['tredmɪl]

rekstok (de)	horizontal bar	[ˌhɒrɪ'zɒntəl bɑː(r)]
brug (de) gelijke leggers	parallel bars	['pærəlel bɑːz]
paardsprong (de)	vaulting horse	['vɔːltɪŋ hɔːs]
mat (de)	mat	[mæt]

springtouw (het)	jump rope	['dʒʌmp rəʊp]
aerobics (de)	aerobics	[eə'rəʊbɪks]
yoga (de)	yoga	['jəʊɡə]

116. Sporten. Diversen

Olympische Spelen (mv.)	Olympic Games	[ə'lɪmpɪk ɡeɪmz]
winnaar (de)	winner	['wɪnə(r)]
winnen (ww)	to win (vi)	[tə wɪn]

| leider (de) | leader | ['liːdə(r)] |
| leiden (ww) | to lead (vi) | [tə liːd] |

eerste plaats (de)	first place	[fɜːst pleɪs]
tweede plaats (de)	second place	['sekənd pleɪs]
derde plaats (de)	third place	[θɜːd pleɪs]

medaille (de)	medal	['medəl]
trofee (de)	trophy	['trəʊfɪ]
beker (de)	prize cup	[praɪz kʌp]
prijs (de)	prize	[praɪz]
hoofdprijs (de)	main prize	[meɪn praɪz]

| record (het) | record | ['rekɔːd] |
| een record breken | to set a record | [tə set ə 'rekɔːd] |

| finale (de) | final | ['faɪnəl] |
| finale (bn) | final | ['faɪnəl] |

| kampioen (de) | champion | ['tʃæmpjən] |
| kampioenschap (het) | championship | ['tʃæmpjənʃɪp] |

stadion (het)	stadium	['steɪdjəm]
tribune (de)	stand, bleachers	[stænd], ['bliːtʃəz]
fan, supporter (de)	fan, supporter	[fæn], [sə'pɔːtə(r)]
tegenstander (de)	opponent, rival	[ə'pəʊnənt], ['raɪvəl]

| start (de) | start | [stɑːt] |
| finish (de) | finish line | ['fɪnɪʃ laɪn] |

rechter (de)	referee	[ˌrefə'riː]
jury (de)	jury	['dʒʊərɪ]
stand (~ is 3-1)	score	[skɔː(r)]
gelijkspel (het)	draw	[drɔː]
in gelijk spel eindigen	to draw (vi)	[tə drɔː]

punt (het)	**point**	[pɔɪnt]
uitslag (de)	**result**	[rɪ'zʌlt]

periode (de)	**period**	['pɪərɪəd]
pauze (de)	**half-time**	[hɑːf taɪm]

doping (de)	**doping**	['dəʊpɪŋ]
straffen (ww)	**to penalize** (vt)	[tə 'piːnəlaɪz]
diskwalificeren (ww)	**to disqualify** (vt)	[tə ˌdɪs'kwɒlɪfaɪ]

toestel (het)	**apparatus**	[ˌæpə'reɪtəs]
speer (de)	**javelin**	['dʒævəlɪn]
kogel (de)	**shot put ball**	[ʃɒt pʊt bɔːl]
bal (de)	**ball**	[bɔːl]

doel (het)	**aim, target**	[eɪm], ['tɑːgɪt]
schietkaart (de)	**target**	['tɑːgɪt]
schieten (ww)	**to shoot** (vi)	[tə ʃuːt]
precies (bijv. precieze schot)	**precise**	[prɪ'saɪs]

trainer, coach (de)	**trainer, coach**	['treɪnə(r)], [kəʊtʃ]
trainen (ww)	**to train** (vt)	[tə treɪn]
zich trainen (ww)	**to train** (vi)	[tə treɪn]
training (de)	**training**	['treɪnɪŋ]

gymnastiekzaal (de)	**gym**	[dʒɪm]
oefening (de)	**exercise**	['eksəsaɪz]
opwarming (de)	**warm-up**	[ˌwɔːm'ʌp]

Onderwijs

117. School

school (de)	**school**	[sku:l]
schooldirecteur (de)	**headmaster**	[ˌhed'mɑ:stə(r)]
leerling (de)	**pupil**	['pju:pəl]
leerlinge (de)	**pupil**	['pju:pəl]
scholier (de)	**schoolboy**	['sku:lbɔɪ]
scholiere (de)	**schoolgirl**	['sku:lgɜ:l]
leren (lesgeven)	**to teach** (vt)	[tə ti:tʃ]
studeren (bijv. een taal ~)	**to learn** (vt)	[tə lɜ:n]
van buiten leren	**to learn by heart**	[tə lɜ:n baɪ hɑ:t]
leren (bijv. ~ tellen)	**to learn** (vt)	[tə lɜ:n]
naar school gaan	**to go to school**	[tə gəʊ tə sku:l]
alfabet (het)	**alphabet**	['ælfəbet]
vak (schoolvak)	**subject**	['sʌbdʒɪkt]
klaslokaal (het)	**classroom**	['klɑ:srʊm]
les (de)	**lesson**	['lesən]
pauze (de)	**recess**	['ri:ses]
bel (de)	**school bell**	[sku:l bel]
schooltafel (de)	**desk**	[desk]
schoolbord (het)	**chalkboard**	['tʃɔ:kbɔ:d]
cijfer (het)	**grade**	[greɪd]
goed cijfer (het)	**good grade**	[gʊd greɪd]
slecht cijfer (het)	**bad grade**	[bæd greɪd]
een cijfer geven	**to give a grade**	[tə gɪv ə greɪd]
fout (de)	**mistake**	[mɪ'steɪk]
fouten maken	**to make mistakes**	[tə meɪk mɪ'steɪks]
corrigeren (fouten ~)	**to correct** (vt)	[tə kə'rekt]
spiekbriefje (het)	**cheat sheet**	['tʃi:t ʃi:t]
huiswerk (het)	**homework**	['həʊmwɜ:k]
oefening (de)	**exercise**	['eksəsaɪz]
aanwezig zijn (ww)	**to be present**	[tə bi 'prezənt]
absent zijn (ww)	**to be absent**	[tə bi 'æbsənt]
school verzuimen	**to miss school**	[tə mɪs sku:l]
bestraffen (een stout kind ~)	**to punish** (vt)	[tə 'pʌnɪʃ]
bestraffing (de)	**punishment**	['pʌnɪʃmənt]
gedrag (het)	**conduct**	['kɒndʌkt]
cijferlijst (de)	**report card**	[rɪ'pɔ:t kɑ:d]

potlood (het)	pencil	['pensəl]
gom (de)	eraser	[ɪ'reɪsə(r)]
krijt (het)	chalk	[tʃɔːk]
pennendoos (de)	pencil case	['pensəl keɪs]

boekentas (de)	schoolbag	['skuːlbæg]
pen (de)	pen	[pen]
schrift (de)	school notebook	[skuːl 'nəʊtbʊk]
leerboek (het)	textbook	['tekstbʊk]
passer (de)	compasses	['kʌmpəsɪz]

| technisch tekenen (ww) | to make technical drawings | [tə meɪk 'teknɪkəl 'drɔːɪŋs] |
| technische tekening (de) | technical drawing | ['teknɪkəl 'drɔːɪŋ] |

gedicht (het)	poem	['pəʊɪm]
van buiten (bw)	by heart	[baɪ hɑːt]
van buiten leren	to learn by heart	[tə lɜːn baɪ hɑːt]

vakantie (de)	school vacation	[skuːl və'keɪʃən]
met vakantie zijn	to be on vacation	[tə bi ɒn və'keɪʃən]
vakantie doorbrengen	to spend one's vacation	[tə spend wʌns və'keɪʃən]

toets (schriftelijke ~)	test	[test]
opstel (het)	essay	['eseɪ]
dictee (het)	dictation	[dɪk'teɪʃən]

examen (het)	exam	[ɪg'zæm]
examen afleggen	to take an exam	[tə ˌteɪk ən ɪg'zæm]
experiment (het)	experiment	[ɪk'sperɪmənt]

118. Hogeschool. Universiteit

academie (de)	academy	[ə'kædəmɪ]
universiteit (de)	university	[juːnɪ'vɜːsətɪ]
faculteit (de)	faculty	['fækəltɪ]

student (de)	student	['stjuːdənt]
studente (de)	student	['stjuːdənt]
leraar (de)	lecturer	['lektʃərə(r)]

| collegezaal (de) | lecture hall | ['lektʃə hɔːl] |
| afgestudeerde (de) | graduate | ['grædʒʊət] |

| diploma (het) | diploma | [dɪ'pləʊmə] |
| dissertatie (de) | dissertation | [ˌdɪsə'teɪʃən] |

| onderzoek (het) | study | ['stʌdɪ] |
| laboratorium (het) | laboratory | ['læbrəˌtɔːrɪ] |

| college (het) | lecture | ['lektʃə(r)] |
| medestudent (de) | course mate | [kɔːs meɪt] |

| studiebeurs (de) | scholarship | ['skɒləʃɪp] |
| academische graad (de) | academic degree | [ˌækə'demɪk dɪ'griː] |

119. Wetenschappen. Disciplines

wiskunde (de)	**mathematics**	[ˌmæθəˈmætɪks]
algebra (de)	**algebra**	[ˈældʒɪbrə]
meetkunde (de)	**geometry**	[dʒɪˈɒmətrɪ]

astronomie (de)	**astronomy**	[əˈstrɒnəmɪ]
biologie (de)	**biology**	[baɪˈɒlədʒɪ]
geografie (de)	**geography**	[dʒɪˈɒɡrəfɪ]
geologie (de)	**geology**	[dʒɪˈɒlədʒɪ]
geschiedenis (de)	**history**	[ˈhɪstərɪ]

geneeskunde (de)	**medicine**	[ˈmedsɪn]
pedagogiek (de)	**pedagogy**	[ˈpedəɡɒdʒɪ]
rechten (mv.)	**law**	[lɔ:]

fysica, natuurkunde (de)	**physics**	[ˈfɪzɪks]
scheikunde (de)	**chemistry**	[ˈkemɪstrɪ]
filosofie (de)	**philosophy**	[fɪˈlɒsəfɪ]
psychologie (de)	**psychology**	[saɪˈkɒlədʒɪ]

120. Schrift. Spelling

grammatica (de)	**grammar**	[ˈɡræmə(r)]
vocabulaire (het)	**vocabulary**	[vəˈkæbjʊlərɪ]
fonetiek (de)	**phonetics**	[fəˈnetɪks]

zelfstandig naamwoord (het)	**noun**	[naʊn]
bijvoeglijk naamwoord (het)	**adjective**	[ˈædʒɪktɪv]
werkwoord (het)	**verb**	[vɜ:b]
bijwoord (het)	**adverb**	[ˈædvɜ:b]

voornaamwoord (het)	**pronoun**	[ˈprəʊnaʊn]
tussenwerpsel (het)	**interjection**	[ˌɪntəˈdʒekʃən]
voorzetsel (het)	**preposition**	[ˌprepəˈzɪʃən]

stam (de)	**root**	[ru:t]
achtervoegsel (het)	**ending**	[ˈendɪŋ]
voorvoegsel (het)	**prefix**	[ˈpri:fɪks]
lettergreep (de)	**syllable**	[ˈsɪləbəl]
achtervoegsel (het)	**suffix**	[ˈsʌfɪks]

nadruk (de)	**stress mark**	[ˈstres ˌmɑ:k]
afkappingsteken (het)	**apostrophe**	[əˈpɒstrəfɪ]

punt (de)	**period, dot**	[ˈpɪərɪəd], [dɒt]
komma (de/het)	**comma**	[ˈkɒmə]
puntkomma (de)	**semicolon**	[ˌsemɪˈkəʊlən]
dubbelpunt (de)	**colon**	[ˈkəʊlən]
beletselteken (het)	**ellipsis**	[ɪˈlɪpsɪs]

vraagteken (het)	**question mark**	[ˈkwestʃən mɑ:k]
uitroepteken (het)	**exclamation point**	[ˌekskləˈmeɪʃən pɔɪnt]

aanhalingstekens (mv.)	quotation marks	[kwəʊ'teɪʃən mɑːks]
tussen aanhalingstekens (bw)	in quotation marks	[ɪn kwəʊ'teɪʃən mɑːks]
haakjes (mv.)	parenthesis	[pə'renθɪsɪs]
tussen haakjes (bw)	in parenthesis	[ɪn pə'renθɪsɪs]
streepje (het)	hyphen	['haɪfən]
gedachtestreepje (het)	dash	[dæʃ]
spatie	space	[speɪs]
(~ tussen twee woorden)		
letter (de)	letter	['letə(r)]
hoofdletter (de)	capital letter	['kæpɪtəl 'letə(r)]
klinker (de)	vowel	['vaʊəl]
medeklinker (de)	consonant	['kɒnsənənt]
zin (de)	sentence	['sentəns]
onderwerp (het)	subject	['sʌbdʒɪkt]
gezegde (het)	predicate	['predɪkət]
regel (in een tekst)	line	[laɪn]
op een nieuwe regel (bw)	on a new line	[ɒn ə njuː laɪn]
alinea (de)	paragraph	['pærəgrɑːf]
woord (het)	word	[wɜːd]
woordgroep (de)	group of words	[gruːp əf wɜːdz]
uitdrukking (de)	expression	[ɪk'spreʃən]
synoniem (het)	synonym	['sɪnənɪm]
antoniem (het)	antonym	['æntənɪm]
regel (de)	rule	[ruːl]
uitzondering (de)	exception	[ɪk'sepʃən]
correct (bijv. ~e spelling)	correct	[kə'rekt]
vervoeging, conjugatie (de)	conjugation	[ˌkɒndʒʊ'geɪʃən]
naamval (de)	nominal case	['nɒmɪnəl keɪs]
vraag (de)	question	['kwestʃən]
onderstrepen (ww)	to underline (vt)	[tə ˌʌndə'laɪn]
stippellijn (de)	dotted line	['dɒtɪd laɪn]

121. Vreemde talen

taal (de)	language	['læŋgwɪdʒ]
vreemd (bn)	foreign	['fɒrən]
leren (bijv. van buiten ~)	to study (vt)	[tə 'stʌdɪ]
studeren (Nederlands ~)	to learn (vt)	[tə lɜːn]
lezen (ww)	to read (vi, vt)	[tə riːd]
spreken (ww)	to speak (vi, vt)	[tə spiːk]
begrijpen (ww)	to understand (vt)	[tə ˌʌndə'stænd]
schrijven (ww)	to write (vt)	[tə raɪt]
snel (bw)	quickly, fast	['kwɪklɪ], [fɑːst]
langzaam (bw)	slowly	['sləʊlɪ]

vloeiend (bw)	fluently	['flu:əntlı]
regels (mv.)	rules	[ru:lz]
grammatica (de)	grammar	['græmə(r)]
vocabulaire (het)	vocabulary	[və'kæbjʊlərı]
fonetiek (de)	phonetics	[fə'netıks]

leerboek (het)	textbook	['tekstbʊk]
woordenboek (het)	dictionary	['dıkʃənərı]
leerboek (het) voor zelfstudie	teach-yourself book	[ti:tʃ jɔ:'self bʊk]
taalgids (de)	phrasebook	['freızbʊk]

cassette (de)	cassette	[kæ'set]
videocassette (de)	videotape	['vıdıəʊteıp]
CD (de)	CD, compact disc	[ˌsi:'di:], [kəm'pækt dısk]
DVD (de)	DVD	[ˌdi:vi:'di:]

alfabet (het)	alphabet	['ælfəbet]
spellen (ww)	to spell (vt)	[tə spel]
uitspraak (de)	pronunciation	[prəˌnʌnsı'eıʃən]

accent (het)	accent	['æksent]
met een accent (bw)	with an accent	[wıð ən 'æksent]
zonder accent (bw)	without an accent	[wı'ðaʊt ən 'æksent]

woord (het)	word	[wɜ:d]
betekenis (de)	meaning	['mi:nıŋ]

cursus (de)	course	[kɔ:s]
zich inschrijven (ww)	to sign up (vi)	[tə saın ʌp]
leraar (de)	teacher	['ti:tʃə(r)]

vertaling (tekst)	translation	[træns'leıʃən]
vertaler (de)	translator	[træns'leıtə(r)]
tolk (de)	interpreter	[ın'tɜ:prıtə(r)]

polyglot (de)	polyglot	['pɒlıglɒt]
geheugen (het)	memory	['memərı]

122. Sprookjesfiguren

Sinterklaas (de)	Santa Claus	['sæntə klɔ:z]
Assepoester (de)	Cinderella	[ˌsındə'relə]
zeemeermin (de)	mermaid	['mɜ:meıd]
Neptunus (de)	Neptune	['neptju:n]

magiër, tovenaar (de)	magician	[mə'dʒıʃən]
goede heks (de)	fairy	['feərı]
magisch (bn)	magic	['mædʒık]
toverstokje (het)	magic wand	['mædʒık ˌwɒnd]
sprookje (het)	fairy tale	['feərı teıl]
wonder (het)	miracle	['mırəkəl]
dwerg (de)	dwarf	[dwɔ:f]
veranderen in ... (anders worden)	to turn into ... (vi)	[tə tɜ:n 'ıntʊ]

geest (de)	ghost	[gəʊst]
spook (het)	phantom	['fæntəm]
monster (het)	monster	['mɒnstə(r)]
draak (de)	dragon	['dræɡən]
reus (de)	giant	['dʒaɪənt]

123. Dierenriem

Ram (de)	Aries	['eəri:z]
Stier (de)	Taurus	['tɔːrəs]
Tweelingen (mv.)	Gemini	['dʒemɪnaɪ]
Kreeft (de)	Cancer	['kænsə(r)]
Leeuw (de)	Leo	['li:əʊ]
Maagd (de)	Virgo	['vɜːɡəʊ]

Weegschaal (de)	Libra	['li:brə]
Schorpioen (de)	Scorpio	['skɔːpɪəʊ]
Boogschutter (de)	Sagittarius	[ˌsædʒɪ'teərɪəs]
Steenbok (de)	Capricorn	['kæprɪkɔːn]
Waterman (de)	Aquarius	[ə'kweərɪəs]
Vissen (mv.)	Pisces	['paɪsi:z]

karakter (het)	character	['kærəktə(r)]
karaktertrekken (mv.)	features of character	['fi:tʃəz əv 'kærəktə]
gedrag (het)	behavior	[bɪ'heɪvjə(r)]
waarzeggen (ww)	to tell fortunes	[tə tel 'fɔːtʃuːnz]
waarzegster (de)	fortune-teller	['fɔːtʃuːn 'telə(r)]
horoscoop (de)	horoscope	['hɒrəskəʊp]

Kunst

124. Theater

theater (het)	theater	['θɪətə(r)]
opera (de)	opera	['ɒpərə]
operette (de)	operetta	[ˌɒpə'retə]
ballet (het)	ballet	['bæleɪ]

affiche (de/het)	theater poster	['θɪətə 'pəʊstə(r)]
theatergezelschap (het)	company	['kʌmpənɪ]
tournee (de)	tour	[tʊə(r)]
op tournee zijn	to be on tour	[tə bi ɒn tʊə(r)]
repeteren (ww)	to rehearse (vi, vt)	[tə rɪ'hɜ:s]
repetitie (de)	rehearsal	[rɪ'hɜ:səl]
repertoire (het)	repertoire	['repətwɑ:(r)]

voorstelling (de)	performance	[pə'fɔ:məns]
spektakel (het)	show, play	[ʃəʊ], [pleɪ]
toneelstuk (het)	play	[pleɪ]

biljet (het)	ticket	['tɪkɪt]
kassa (de)	Box office	[bɒks 'ɒfɪs]
foyer (de)	lobby	['lɒbɪ]
garderobe (de)	coat check	[kəʊt tʃek]
garderobe nummer (het)	coat check tag	[kəʊt tʃek tæg]
verrekijker (de)	binoculars	[bɪ'nɒkjʊləz]
plaatsaanwijzer (de)	usher	['ʌʃə(r)]

parterre (de)	orchestra seats	['ɔ:kɪstrə si:ts]
balkon (het)	balcony	['bælkənɪ]
gouden rang (de)	dress circle	[dres 'sɜ:kəl]
loge (de)	box	[bɒks]
rij (de)	row	[rəʊ]
plaats (de)	seat	[si:t]

publiek (het)	audience	['ɔ:dɪəns]
kijker (de)	spectator	[spek'teɪtə(r)]
klappen (ww)	to clap (vi, vt)	[tə klæp]
applaus (het)	applause	[ə'plɔ:z]
ovatie (de)	ovation	[əʊ'veɪʃən]

toneel (op het ~ staan)	stage	[steɪdʒ]
gordijn, doek (het)	curtain	['kɜ:tən]
toneeldecor (het)	scenery	['si:nərɪ]
backstage (de)	backstage	[ˌbæk'steɪdʒ]

scène (de)	scene	[si:n]
bedrijf (het)	act	[ækt]
pauze (de)	intermission	[ˌɪntə'mɪʃən]

125. Bioscoop

acteur (de)	actor	['æktə(r)]
actrice (de)	actress	['æktrɪs]
bioscoop (de)	movies	['mu:vɪz]
speelfilm (de)	movie	['mu:vɪ]
aflevering (de)	episode	['epɪsəud]
detectivefilm (de)	detective	[dɪ'tektɪv]
actiefilm (de)	action movie	['ækʃən 'mu:vɪ]
avonturenfilm (de)	adventure movie	[əd'ventʃə 'mu:vɪ]
sciencefictionfilm (de)	science fiction movie	['saɪəns 'fɪkʃən 'mu:vɪ]
griezelfilm (de)	horror movie	['hɒrə 'mu:vɪ]
komedie (de)	comedy movie	['kɒmədɪ 'mu:vɪ]
melodrama (het)	melodrama	['meləˌdrɑːmə]
drama (het)	drama	['drɑːmə]
speelfilm (de)	fictional movie	['fɪkʃənəl 'mu:vɪ]
documentaire (de)	documentary	[ˌdɒkju'mentərɪ]
tekenfilm (de)	cartoon	[kɑː'tuːn]
stomme film (de)	silent movies	['saɪlənt 'mu:vɪz]
rol (de)	role	[rəul]
hoofdrol (de)	leading role	['liːdɪŋ rəul]
spelen (ww)	to play (vi, vt)	[tə pleɪ]
filmster (de)	movie star	['mu:vɪ stɑː(r)]
bekend (bn)	well-known	[wel'nəun]
beroemd (bn)	famous	['feɪməs]
populair (bn)	popular	['pɒpjulə(r)]
scenario (het)	script	[skrɪpt]
scenarioschrijver (de)	scriptwriter	['skrɪptˌraɪtə(r)]
regisseur (de)	movie director	['mu:vɪ dɪ'rektə(r)]
filmproducent (de)	producer	[prə'dju:sə(r)]
assistent (de)	assistant	[ə'sɪstənt]
cameraman (de)	cameraman	['kæmərəmæn]
stuntman (de)	stuntman	[stʌnt mæn]
een film maken	to shoot a movie	[tə ʃu:t ə 'mu:vɪ]
auditie (de)	audition	[ɔː'dɪʃən]
opnamen (mv.)	shooting	['ʃu:tɪŋ]
filmploeg (de)	movie crew	['mu:vɪ kru:]
filmset (de)	movie set	['mu:vɪ set]
filmcamera (de)	camera	['kæmərə]
bioscoop (de)	movie theater	['mu:vɪ 'θɪətə(r)]
scherm (het)	screen	[skri:n]
een film vertonen	to show a movie	[tə ʃəu ə 'mu:vɪ]
geluidsspoor (de)	soundtrack	['saundtræk]
speciale effecten (mv.)	special effects	['speʃəl ɪ'fekts]
ondertiteling (de)	subtitles	['sʌbˌtaɪtəlz]

voortiteling, aftiteling (de)	**credits**	['kredɪts]
vertaling (de)	**translation**	[træns'leɪʃən]

126. Schilderij

kunst (de)	**art**	[ɑːt]
schone kunsten (mv.)	**fine arts**	['faɪn ˌɑːts]
kunstgalerie (de)	**art gallery**	[ɑːt 'gælərɪ]
kunsttentoonstelling (de)	**art exhibition**	[ɑːt ˌeksɪ'bɪʃən]
schilderkunst (de)	**painting**	['peɪntɪŋ]
grafiek (de)	**graphic art**	['græfɪk ɑːt]
abstracte kunst (de)	**abstract art**	['æbstrækt ɑːt]
impressionisme (het)	**impressionism**	[ɪm'preʃənɪzəm]
schilderij (het)	**picture**	['pɪktʃə(r)]
tekening (de)	**drawing**	['drɔːɪŋ]
poster (de)	**poster**	['pəʊstə(r)]
illustratie (de)	**illustration**	[ˌɪlə'streɪʃən]
miniatuur (de)	**miniature**	['mɪnətʃə(r)]
kopie (de)	**copy**	['kɒpɪ]
reproductie (de)	**reproduction**	[ˌriːprə'dʌkʃən]
mozaïek (het)	**mosaic**	[məʊ'zeɪɪk]
gebrandschilderd glas (het)	**stained glass**	[steɪnd glɑːs]
fresco (het)	**fresco**	['freskəʊ]
gravure (de)	**engraving**	[ɪn'greɪvɪŋ]
buste (de)	**bust**	[bʌst]
beeldhouwwerk (het)	**sculpture**	['skʌlptʃə(r)]
beeld (bronzen ~)	**statue**	['stætʃuː]
gips (het)	**plaster of Paris**	['plɑːstərəv 'pærɪs]
gipsen (bn)	**plaster**	['plɑːstə(r)]
portret (het)	**portrait**	['pɔːtreɪt]
zelfportret (het)	**self-portrait**	[self 'pɔːtreɪt]
landschap (het)	**landscape**	['lændskeɪp]
stilleven (het)	**still life**	[stɪl laɪf]
karikatuur (de)	**caricature**	['kærɪkəˌtjʊə(r)]
verf (de)	**paint**	[peɪnt]
aquarel (de)	**watercolor**	['wɔːtəˌkʌlə]
olieverf (de)	**oil**	[ɔɪl]
potlood (het)	**pencil**	['pensəl]
Oostindische inkt (de)	**Indian ink**	['ɪndɪən ɪŋk]
houtskool (de)	**charcoal**	['tʃɑːkəʊl]
tekenen (met krijt)	**to draw** (vi, vt)	[tə drɔː]
schilderen (ww)	**to paint** (vi, vt)	[tə peɪnt]
poseren (ww)	**to pose** (vi)	[tə pəʊz]
naaktmodel (man)	**artist's model**	['ɑːtɪsts 'mɒdəl]
naaktmodel (vrouw)	**artist's model**	['ɑːtɪsts 'mɒdəl]

kunstenaar (de)	**artist, painter**	['ɑːtɪst], ['peɪntə(r)]
kunstwerk (het)	**work of art**	[wɜːk əv ɑːt]
meesterwerk (het)	**masterpiece**	['mɑːstəpiːs]
studio, werkruimte (de)	**workshop**	['wɜːkʃɒp]
schildersdoek (het)	**canvas**	['kænvəs]
schildersezel (de)	**easel**	['iːzəl]
palet (het)	**palette**	['pælət]
lijst (een vergulde ~)	**frame**	[freɪm]
restauratie (de)	**restoration**	[ˌrestə'reɪʃən]
restaureren (ww)	**to restore** (vt)	[tə rɪ'stɔː(r)]

127. Literatuur & Poëzie

literatuur (de)	**literature**	['lɪtrətʃə]
auteur (de)	**author**	['ɔːθə]
pseudoniem (het)	**pseudonym**	['sjuːdəʊnɪm]
boek (het)	**book**	[bʊk]
boekdeel (het)	**volume**	['vɒljuːm]
inhoudsopgave (de)	**table of contents**	['teɪbəl əv 'kɒntents]
pagina (de)	**page**	[peɪdʒ]
hoofdpersoon (de)	**main character**	[meɪn 'kærəktə(r)]
handtekening (de)	**autograph**	['ɔːtəgrɑːf]
verhaal (het)	**short story**	[ʃɔːt 'stɔːrɪ]
novelle (de)	**story**	['stɔːrɪ]
roman (de)	**novel**	['nɒvəl]
werk (literatuur)	**work**	[wɜːk]
fabel (de)	**fable**	['feɪbəl]
detectiveroman (de)	**detective novel**	[dɪ'tektɪv 'nɒvəl]
gedicht (het)	**poem, verse**	['pəʊɪm], [vɜːs]
poëzie (de)	**poetry**	['pəʊɪtrɪ]
epos (het)	**poem**	['pəʊɪm]
dichter (de)	**poet**	['pəʊɪt]
fictie (de)	**fiction**	['fɪkʃən]
sciencefiction (de)	**science fiction**	['saɪəns 'fɪkʃən]
avonturenroman (de)	**adventures**	[əd'ventʃez]
opvoedkundige literatuur (de)	**educational literature**	[ˌedʒʊ'keɪʃənəl 'lɪtrətʃə]
kinderliteratuur (de)	**children's literature**	['tʃɪldrənz 'lɪtrətʃə]

128. Circus

circus (de/het)	**circus**	['sɜːkəs]
chapiteau circus (de/het)	**chapiteau circus**	[ʃapito 'sɜːkəs]
programma (het)	**program**	['prəʊgræm]
voorstelling (de)	**performance**	[pə'fɔːməns]
nummer (circus ~)	**act**	[ækt]
arena (de)	**circus ring**	['sɜːkəs rɪŋ]

pantomime (de)	**pantomime**	['pæntəmaɪm]
clown (de)	**clown**	[klaʊn]
acrobaat (de)	**acrobat**	['ækrəbæt]
acrobatiek (de)	**acrobatics**	[ˌækrə'bætɪks]
gymnast (de)	**gymnast**	['dʒɪmnæst]
gymnastiek (de)	**gymnastics**	[dʒɪm'næstɪks]
salto (de)	**somersault**	['sʌməsɔːlt]
sterke man (de)	**strongman**	['strɒŋmæn]
temmer (de)	**animal-tamer**	['ænɪməl 'teɪmə(r)]
ruiter (de)	**equestrian**	[ɪ'kwestrɪən]
assistent (de)	**assistant**	[ə'sɪstənt]
stunt (de)	**stunt**	[stʌnt]
goocheltruc (de)	**magic trick**	['mædʒɪk trɪk]
goochelaar (de)	**magician**	[mə'dʒɪʃən]
jongleur (de)	**juggler**	['dʒʌɡlə(r)]
jongleren (ww)	**to juggle** (vi, vt)	[tə 'dʒʌɡəl]
dierentrainer (de)	**animal trainer**	['ænɪməl 'treɪnə(r)]
dressuur (de)	**animal training**	['ænɪməl 'treɪnɪŋ]
dresseren (ww)	**to train** (vt)	[tə treɪn]

129. Muziek. Popmuziek

muziek (de)	**music**	['mjuːzɪk]
muzikant (de)	**musician**	[mjuː'zɪʃən]
muziekinstrument (het)	**musical instrument**	['mjuːzɪkəl 'ɪnstrʊmənt]
spelen (bijv. gitaar ~)	**to play ...**	[tə pleɪ]
gitaar (de)	**guitar**	[ɡɪ'tɑː(r)]
viool (de)	**violin**	[ˌvaɪə'lɪn]
cello (de)	**cello**	['tʃeləʊ]
contrabas (de)	**double bass**	['dʌbəl beɪs]
harp (de)	**harp**	[hɑːp]
piano (de)	**piano**	[pɪ'ænəʊ]
vleugel (de)	**grand piano**	[grænd pɪ'ænəʊ]
orgel (het)	**organ**	['ɔːɡən]
blaasinstrumenten (mv.)	**wind instruments**	[wɪnd 'ɪnstrʊmənts]
hobo (de)	**oboe**	['əʊbəʊ]
saxofoon (de)	**saxophone**	['sæksəfəʊn]
klarinet (de)	**clarinet**	[ˌklærə'net]
fluit (de)	**flute**	[fluːt]
trompet (de)	**trumpet**	['trʌmpɪt]
accordeon (de/het)	**accordion**	[ə'kɔːdɪən]
trommel (de)	**drum**	[drʌm]
duet (het)	**duo**	['djuːəʊ]
trio (het)	**trio**	['triːəʊ]
kwartet (het)	**quartet**	[kwɔː'tet]

| koor (het) | choir | [ˈkwaɪə(r)] |
| orkest (het) | orchestra | [ˈɔːkɪstrə] |

popmuziek (de)	pop music	[pɒp ˈmjuːzɪk]
rockmuziek (de)	rock music	[rɒk ˈmjuːzɪk]
rockgroep (de)	rock group	[rɒk gruːp]
jazz (de)	jazz	[dʒæz]

| idool (het) | idol | [ˈaɪdəl] |
| bewonderaar (de) | admirer, fan | [ədˈmaɪərə], [fæn] |

concert (het)	concert	[ˈkɒnsət]
symfonie (de)	symphony	[ˈsɪmfənɪ]
compositie (de)	composition	[ˌkɒmpəˈzɪʃən]
componeren (muziek ~)	to compose (vt)	[tə kəmˈpəʊz]

zang (de)	singing	[ˈsɪŋɪŋ]
lied (het)	song	[sɒŋ]
melodie (de)	tune	[tjuːn]
ritme (het)	rhythm	[ˈrɪðəm]
blues (de)	blues	[bluːz]

bladmuziek (de)	sheet music	[ʃiːt ˈmjuːzɪk]
dirigeerstok (baton)	baton	[ˈbætən]
strijkstok (de)	bow	[bəʊ]
snaar (de)	string	[strɪŋ]
koffer (de)	case	[keɪs]

Rusten. Entertainment. Reizen

130. Trip. Reizen

toerisme (het)	tourism	['tʊərɪzəm]
toerist (de)	tourist	['tʊərɪst]
reis (de)	trip	[trɪp]
avontuur (het)	adventure	[əd'ventʃə(r)]
tocht (de)	trip, journey	[trɪp], ['dʒɜːnɪ]
vakantie (de)	vacation	[və'keɪʃən]
met vakantie zijn	to be on vacation	[tə bi ɒn və'keɪʃən]
rust (de)	rest	[rest]
trein (de)	train	[treɪn]
met de trein	by train	[baɪ treɪn]
vliegtuig (het)	airplane	['eəpleɪn]
met het vliegtuig	by airplane	[baɪ 'eəpleɪn]
met de auto	by car	[baɪ kɑː(r)]
per schip (bw)	by ship	[baɪ ʃɪp]
bagage (de)	luggage	['lʌgɪdʒ]
valies (de)	suitcase, luggage	['suːtkeɪs], ['lʌgɪdʒ]
bagagekarretje (het)	luggage cart	['lʌgɪdʒ kɑːt]
paspoort (het)	passport	['pɑːspɔːt]
visum (het)	visa	['viːzə]
kaartje (het)	ticket	['tɪkɪt]
vliegticket (het)	air ticket	['eə 'tɪkɪt]
reisgids (de)	guidebook	['gaɪdbʊk]
kaart (de)	map	[mæp]
gebied (landelijk ~)	area	['eərɪə]
plaats (de)	place, site	[pleɪs], [saɪt]
exotische bestemming (de)	exotic	[ɪg'zɒtɪk]
exotisch (bn)	exotic	[ɪg'zɒtɪk]
verwonderlijk (bn)	amazing	[ə'meɪzɪŋ]
groep (de)	group	[gruːp]
rondleiding (de)	excursion	[ɪk'skɜːʃən]
gids (de)	guide	[gaɪd]

131. Hotel

motel (het)	motel	[məʊ'tel]
3-sterren	three-star	[θriː stɑː(r)]
5-sterren	five-star	[ˌfaɪv 'stɑː(r)]

overnachten (ww)	to stay (vi)	[tə steɪ]
kamer (de)	room	[ruːm]
eenpersoonskamer (de)	single room	['sɪŋgəl ruːm]
tweepersoonskamer (de)	double room	['dʌbəl ruːm]
een kamer reserveren	to book a room	[tə bʊk ə ruːm]

| halfpension (het) | half board | [hɑːf bɔːd] |
| volpension (het) | full board | [fʊl bɔːd] |

met badkamer	with bath	[wɪð bɑːθ]
met douche	with shower	[wɪð 'ʃaʊə(r)]
satelliet-tv (de)	satellite television	['sætəlaɪt 'telɪˌvɪʒən]
airconditioner (de)	air-conditioner	[ee kən'dɪʃənə]
handdoek (de)	towel	['taʊəl]
sleutel (de)	key	[kiː]

administrateur (de)	administrator	[əd'mɪnɪstreɪtə(r)]
kamermeisje (het)	chambermaid	['tʃeɪmbəˌmeɪd]
piccolo (de)	porter, bellboy	['pɔːtə(r)], ['belbɔɪ]
portier (de)	doorman	['dɔːmən]

restaurant (het)	restaurant	['restrɒnt]
bar (de)	pub, bar	[pʌb], [bɑː(r)]
ontbijt (het)	breakfast	['brekfəst]
avondeten (het)	dinner	['dɪnə(r)]
buffet (het)	buffet	[bə'feɪ]

lift (de)	elevator	['elɪveɪtə(r)]
NIET STOREN	DO NOT DISTURB	[du nɒt dɪ'stɜːb]
VERBODEN TE ROKEN!	NO SMOKING	[nəʊ 'sməʊkɪŋ]

132. Boeken. Lezen

boek (het)	book	[bʊk]
auteur (de)	author	['ɔːθə]
schrijver (de)	writer	['raɪtə(r)]
schrijven (een boek)	to write (vt)	[tə raɪt]

lezer (de)	reader	['riːdə(r)]
lezen (ww)	to read (vi, vt)	[tə riːd]
lezen (het)	reading	['riːdɪŋ]

| stil (~ lezen) | silently | ['saɪləntlɪ] |
| hardop (~ lezen) | aloud | [ə'laʊd] |

uitgeven (boek ~)	to publish (vt)	[tə 'pʌblɪʃ]
uitgeven (het)	publishing	['pʌblɪʃɪn]
uitgever (de)	publisher	['pʌblɪʃə(r)]
uitgeverij (de)	publishing house	['pʌblɪʃɪŋ ˌhaʊs]

verschijnen (bijv. boek)	to come out	[tə kʌm aʊt]
verschijnen (het)	release	[rɪ'liːs]
oplage (de)	print run	[prɪnt rʌn]
boekhandel (de)	bookstore	['bʊkstɔː(r)]

bibliotheek (de)	library	['laɪbrərɪ]
novelle (de)	story	['stɔːrɪ]
verhaal (het)	short story	[ʃɔːt 'stɔːrɪ]
roman (de)	novel	['nɒvəl]
detectiveroman (de)	detective novel	[dɪ'tektɪv 'nɒvəl]
memoires (mv.)	memoirs	['memwɑːz]
legende (de)	legend	['ledʒənd]
mythe (de)	myth	[mɪθ]
gedichten (mv.)	poetry, poems	['pəʊɪtrɪ], ['pəʊɪmz]
autobiografie (de)	autobiography	[ˌɔːtəbaɪ'ɒgrəfɪ]
bloemlezing (de)	selected works	[sɪ'lektɪd wɜːks]
sciencefiction (de)	science fiction	['saɪəns 'fɪkʃən]
naam (de)	title	['taɪtəl]
inleiding (de)	introduction	[ˌɪntrə'dʌkʃən]
voorblad (het)	title page	['taɪtəl peɪdʒ]
hoofdstuk (het)	chapter	['tʃæptə(r)]
fragment (het)	extract	['ekstrækt]
episode (de)	episode	['epɪsəʊd]
intrige (de)	plot, storyline	[plɒt], ['stɔːrɪlaɪn]
inhoud (de)	contents	['kɒntents]
hoofdpersonage (het)	main character	[meɪn 'kærəktə(r)]
boekdeel (het)	volume	['vɒljuːm]
omslag (de/het)	cover	['kʌvə(r)]
bladwijzer (de)	bookmark	['bʊkmɑːk]
pagina (de)	page	[peɪdʒ]
bladeren (ww)	to page through	[tə peɪdʒ θruː]
marges (mv.)	margins	['mɑːdʒɪnz]
annotatie (de)	annotation	[ˌænə'teɪʃən]
opmerking (de)	footnote	['fʊtnəʊt]
tekst (de)	text	[tekst]
lettertype (het)	type, font	[taɪp], [fɒnt]
drukfout (de)	misprint, typo	['mɪsprɪnt], ['taɪpəʊ]
vertaling (de)	translation	[træns'leɪʃən]
vertalen (ww)	to translate (vt)	[tə træns'leɪt]
origineel (het)	original	[ɒ'rɪdʒɪnəl]
beroemd (bn)	famous	['feɪməs]
onbekend (bn)	unknown	[ˌʌn'nəʊn]
interessant (bn)	interesting	['ɪntrəstɪŋ]
bestseller (de)	bestseller	[best 'selə(r)]
woordenboek (het)	dictionary	['dɪkʃənərɪ]
leerboek (het)	textbook	['tekstbʊk]
encyclopedie (de)	encyclopedia	[ɪnˌsaɪkləʊ'piːdjə]

133. Jacht. Vissen.

jacht (de)	**hunting**	['hʌntɪŋ]
jagen (ww)	**to hunt** (vi, vt)	[tə hʌnt]
jager (de)	**hunter**	['hʌntə(r)]
schieten (ww)	**to shoot** (vi)	[tə ʃuːt]
geweer (het)	**rifle**	['raɪfəl]
patroon (de)	**bullet, cartridge**	['bʊlɪt], ['kɑːtrɪdʒ]
hagel (de)	**shot**	[ʃɒt]
val (de)	**trap**	[træp]
valstrik (de)	**snare**	[sneə(r)]
in de val trappen	**to fall into the trap**	[tə fɔːl 'ɪntʊ ðə træp]
een val zetten	**to lay a trap**	[tə ˌleɪ ə 'træp]
stroper (de)	**poacher**	['pəʊtʃə(r)]
wild (het)	**game**	[geɪm]
jachthond (de)	**hound dog**	[haʊnd dɒg]
safari (de)	**safari**	[sə'fɑːrɪ]
opgezet dier (het)	**mounted animal**	['maʊntɪd 'ænɪməl]
visser (de)	**fisherman**	['fɪʃəmən]
visvangst (de)	**fishing**	['fɪʃɪŋ]
vissen (ww)	**to fish** (vi)	[tə fɪʃ]
hengel (de)	**fishing rod**	['fɪʃɪŋ ˌrɒd]
vislijn (de)	**fishing line**	['fɪʃɪŋ ˌlaɪn]
haak (de)	**hook**	[hʊk]
dobber (de)	**float**	[fləʊt]
aas (het)	**bait**	[beɪt]
de hengel uitwerpen	**to cast a line**	[tə kɑːst ə laɪn]
bijten (ov. de vissen)	**to bite** (vi)	[tə baɪt]
vangst (de)	**catch of fish**	[kætʃ əv fɪʃ]
wak (het)	**ice-hole**	['aɪs ˌhəʊl]
net (het)	**net**	[net]
boot (de)	**boat**	[bəʊt]
vissen met netten	**to net** (vi, vt)	[tə net]
het net uitwerpen	**to cast the net**	[tə kɑːst ðə net]
het net binnenhalen	**to haul in the net**	[tə hɔːl ɪn ðə net]
in het net vallen	**to fall into the net**	[tə fɔːl 'ɪntʊ ðə net]
walvisvangst (de)	**whaler**	['weɪlə(r)]
walvisvaarder (de)	**whaleboat**	['weɪlbəʊt]
harpoen (de)	**harpoon**	[hɑː'puːn]

134. Spellen. Biljart

biljart (het)	**billiards**	['bɪljədz]
biljartzaal (de)	**billiard room**	['bɪljədz ruːm]
biljartbal (de)	**ball**	[bɔːl]

een bal in het gat jagen	to pocket a ball	[tə 'pɒkɪt ə bɔ:l]
keu (de)	cue	[kju:]
gat (het)	pocket	['pɒkɪt]

135. Spellen. Speelkaarten

ruiten (mv.)	diamonds	['daɪəməndz]
schoppen (mv.)	spades	[speɪdz]
klaveren (mv.)	hearts	[hɑ:ts]
harten (mv.)	clubs	[klʌbz]

aas (de)	ace	[eɪs]
koning (de)	king	[kɪŋ]
dame (de)	queen	[kwi:n]
boer (de)	jack, knave	[dʒæk], [neɪv]

speelkaart (de)	playing card	['pleɪɪŋ kɑ:d]
kaarten (mv.)	cards	[kɑ:dz]
troef (de)	trump	[trʌmp]
pak (het) kaarten	deck of cards	[dek əv kɑ:dz]

punt (bijv. vijftig ~en)	point	[pɔɪnt]
uitdelen (kaarten ~)	to deal (vi, vt)	[tə di:l]
schudden (de kaarten ~)	to shuffle (vt)	[tə 'ʃʌfəl]
beurt (de)	lead, turn	[led], [tɜ:n]
valsspeler (de)	cardsharp	[kɑ:d 'ʃɑ:p]

136. Rusten. Spellen. Diversen

wandelen (on.ww.)	to stroll (vi, vt)	[tə strəʊl]
wandeling (de)	walk, stroll	[wɔ:k], [strəʊl]
trip (per auto)	pleasure-ride, trip	['pleʒə raɪd], [trɪp]
avontuur (het)	adventure	[əd'ventʃə(r)]
picknick (de)	picnic	['pɪknɪk]

spel (het)	game	[geɪm]
speler (de)	player	['pleɪə(r)]
partij (de)	game	[geɪm]

collectioneur (de)	collector	[kə'lektə(r)]
collectioneren (ww)	to collect (vt)	[tə kə'lekt]
collectie (de)	collection	[kə'lekʃən]

kruiswoordraadsel (het)	crossword puzzle	['krɒswɜ:d 'pʌzəl]
hippodroom (de)	racetrack	['reɪstræk]
discotheek (de)	discotheque	['dɪskəʊtek]

| sauna (de) | sauna | ['sɔ:nə] |
| loterij (de) | lottery | ['lɒtərɪ] |

| trektocht (kampeertocht) | camping trip | ['kæmpɪŋ trɪp] |
| kamp (het) | camp | [kæmp] |

tent (de)	tent	[tent]
kompas (het)	compass	[ˈkʌmpəs]
rugzaktoerist (de)	camper	[ˈkæmpə(r)]

bekijken (een film ~)	to watch (vt)	[tə wɒtʃ]
kijker (televisie~)	viewer	[ˈvjuːə(r)]
televisie-uitzending (de)	TV show	[ˌtiːˈviː ʃəʊ]

137. Fotografie

| fotocamera (de) | camera | [ˈkæmərə] |
| foto (de) | photo, picture | [ˈfəʊtəʊ], [ˈpɪktʃə(r)] |

fotograaf (de)	photographer	[fəˈtɒgrəfə(r)]
fotostudio (de)	photo studio	[ˈfəʊtəʊ ˈstjuːdɪəʊ]
fotoalbum (het)	photo album	[ˈfəʊtəʊ ˈælbəm]

lens (de), objectief (het)	camera lens	[ˈkæmərə lenz]
telelens (de)	telephoto lens	[ˌtelɪˈfəʊtəʊ lenz]
filter (de/het)	filter	[ˈfɪltə(r)]
lens (de)	lens	[lenz]

optiek (de)	optics	[ˈɒptɪks]
diafragma (het)	diaphragm, aperture	[ˈdaɪəfræm], [ˈæpəˌtjʊə]
belichtingstijd (de)	exposure time	[ɪkˈspəʊʒə ˌtaɪm]
zoeker (de)	viewfinder	[ˈvjuːˌfaɪndə(r)]

digitale camera (de)	digital camera	[ˈdɪdʒɪtəl ˈkæmərə]
statief (het)	tripod	[ˈtraɪpɒd]
flits (de)	flash	[flæʃ]

| fotograferen (ww) | to photograph (vt) | [tə ˈfəʊtəgrɑːf] |
| kieken (foto's maken) | to take pictures | [tə ˌteɪk ˈpɪktʃəz] |

focus (de)	focus	[ˈfəʊkəs]
scherpstellen (ww)	to adjust the focus	[tə əˈdʒʌst ðə ˈfəʊkəs]
scherp (bn)	sharp	[ʃɑːp]
scherpte (de)	sharpness	[ˈʃɑːpnɪs]

| contrast (het) | contrast | [ˈkɒntrɑːst] |
| contrastrijk (bn) | contrasty | [ˈkɒntrɑːstɪ] |

kiekje (het)	picture	[ˈpɪktʃə(r)]
negatief (het)	negative	[ˈnegətɪv]
filmpje (het)	film	[fɪlm]
beeld (frame)	frame	[freɪm]
afdrukken (foto's ~)	to print (vt)	[tə prɪnt]

138. Strand. Zwemmen

| strand (het) | beach | [biːtʃ] |
| zand (het) | sand | [sænd] |

leeg (~ strand)	deserted	[dɪ'zɜːtɪd]
bruine kleur (de)	suntan	['sʌntæn]
zonnebaden (ww)	to get a tan	[tə get ə tæn]
gebruind (bn)	tan	[tæn]
zonnecrème (de)	sunscreen	['sʌnskriːn]

bikini (de)	bikini	[bɪ'kiːnɪ]
badpak (het)	bathing suit	['beɪðɪŋ suːt]
zwembroek (de)	swim briefs	['swɪm briːfs]

zwembad (het)	swimming pool	['swɪmɪŋ puːl]
zwemmen (ww)	to swim (vi)	[tə swɪm]
douche (de)	shower	['ʃaʊə(r)]
zich omkleden (ww)	to change (vi)	[tə tʃeɪndʒ]
handdoek (de)	towel	['taʊəl]

| boot (de) | boat | [bəʊt] |
| motorboot (de) | motorboat | ['məʊtəbəʊt] |

waterski's (mv.)	water ski	['wɔːtə skiː]
waterfiets (de)	paddle boat	['pædəl bəʊt]
surfen (het)	surfing	['sɜːfɪŋ]
surfer (de)	surfer	['sɜːfə(r)]

scuba, aqualong (de)	scuba set	['skuːbə set]
zwemvliezen (mv.)	flippers	['flɪpəz]
duikmasker (het)	mask	[mɑːsk]
duiker (de)	diver	['daɪvə(r)]
duiken (ww)	to dive (vi)	[tə daɪv]
onder water (bw)	underwater	[ˌʌndə'wɔːtə(r)]

parasol (de)	beach umbrella	[biːtʃ ʌm'brelə]
ligstoel (de)	beach chair	[biːtʃ tʃeə]
zonnebril (de)	sunglasses	['sʌnˌglɑːsɪz]
luchtmatras (de/het)	air mattress	[eə 'mætrɪs]

| spelen (ww) | to play (vi) | [tə pleɪ] |
| gaan zwemmen (ww) | to go for a swim | [tə gəʊ fərə swɪm] |

bal (de)	beach ball	[biːtʃ bɔːl]
opblazen (oppompen)	to inflate (vt)	[tə ɪn'fleɪt]
lucht-, opblaasbare (bn)	inflatable, air	[ɪn'fleɪtəbəl], [eə]

golf (hoge ~)	wave	[weɪv]
boei (de)	buoy	['buːɪ]
verdrinken (ww)	to drown (vi)	[tə draʊn]

redden (ww)	to save, to rescue	[tə seɪv], [tə 'reskjuː]
reddingsvest (de)	life vest	['laɪf vest]
waarnemen (ww)	to observe, to watch	[tə əb'zɜːv], [tə wɒtʃ]

TECHNISCHE APPARATUUR. VERVOER

Technische apparatuur

139. Computer

computer (de)	computer	[kəm'pju:tə(r)]
laptop (de)	notebook, laptop	['nəʊtbʊk], ['læptɒp]
aanzetten (ww)	to switch on (vt)	[tə swɪtʃ ɒn]
uitzetten (ww)	to turn off (vt)	[tə tɜ:n ɒf]
toetsenbord (het)	keyboard	['ki:bɔ:d]
toets (enter~)	key	[ki:]
muis (de)	mouse	[maʊs]
muismat (de)	mouse pad	[maʊs pæd]
knopje (het)	button	['bʌtən]
cursor (de)	cursor	['kɜ:sə(r)]
monitor (de)	monitor	['mɒnɪtə(r)]
scherm (het)	screen	[skri:n]
harde schijf (de)	hard disk	[hɑ:d dɪsk]
volume (het)	hard disk volume	[hɑ:d dɪsk 'vɒlju:m]
van de harde schijf		
geheugen (het)	memory	['memərɪ]
RAM-geheugen (het)	random access memory	['rændəm 'ækses 'memərɪ]
bestand (het)	file	[faɪl]
folder (de)	folder	['fəʊldə(r)]
openen (ww)	to open (vt)	[tə 'əʊpən]
sluiten (ww)	to close (vt)	[tə kləʊz]
opslaan (ww)	to save (vt)	[tə seɪv]
verwijderen (wissen)	to delete (vt)	[tə dɪ'li:t]
kopiëren (ww)	to copy (vt)	[tə 'kɒpɪ]
sorteren (ww)	to sort (vt)	[tə sɔ:t]
programma (het)	program	['prəʊgræm]
software (de)	software	['sɒftweə(r)]
programmeur (de)	programmer	['prəʊgræmə(r)]
programmeren (ww)	to program (vt)	[tə 'prəʊgræm]
hacker (computerkraker)	hacker	['hækə(r)]
wachtwoord (het)	password	['pɑ:swɜ:d]
virus (het)	virus	['vaɪrəs]
ontdekken (virus ~)	to find, to detect	[tə faɪnd], [tə dɪ'tekt]
byte (de)	byte	[baɪt]

megabyte (de)	**megabyte**	['megəbaɪt]
data (de)	**data**	['deɪtə]
databank (de)	**database**	['deɪtəbeɪs]

kabel (USB-~, enz.)	**cable**	['keɪbəl]
afsluiten (ww)	**to disconnect** (vt)	[tə ˌdɪskə'nekt]
aansluiten op (ww)	**to connect** (vt)	[tə kə'nekt]

140. Internet. E-mail

internet (het)	**Internet**	['ɪntənet]
browser (de)	**browser**	['brauzə(r)]
zoekmachine (de)	**search engine**	[sɜːtʃ 'endʒɪn]
internetprovider (de)	**provider**	[prə'vaɪdə(r)]

webmaster (de)	**web master**	[web 'mɑːstə(r)]
website (de)	**website**	['websaɪt]
webpagina (de)	**web page**	[web peɪdʒ]

adres (het)	**address**	[ə'dres]
adresboek (het)	**address book**	[ə'dres bʊk]

postvak (het)	**mailbox**	['meɪlbɒks]
post (de)	**mail**	[meɪl]
vol (~ postvak)	**full**	[fʊl]

bericht (het)	**message**	['mesɪdʒ]
binnenkomende berichten (mv.)	**incoming messages**	['ɪnˌkʌmɪŋ 'mesɪdʒɪz]
uitgaande berichten (mv.)	**outgoing messages**	['autˌgəuɪŋ 'mesɪdʒɪz]

verzender (de)	**sender**	['sendə(r)]
verzenden (ww)	**to send** (vt)	[tə send]
verzending (de)	**sending**	['sendɪŋ]

ontvanger (de)	**receiver**	[rɪ'siːvə(r)]
ontvangen (ww)	**to receive** (vt)	[tə rɪ'siːv]

correspondentie (de)	**correspondence**	[ˌkɒrɪ'spɒndəns]
corresponderen (met ...)	**to correspond** (vi)	[tə ˌkɒrɪ'spɒnd]

bestand (het)	**file**	[faɪl]
downloaden (ww)	**to download** (vt)	[tə 'daunləud]
creëren (ww)	**to create** (vt)	[tə kriː'eɪt]
verwijderen (een bestand ~)	**to delete** (vt)	[tə dɪ'liːt]
verwijderd (bn)	**deleted**	[dɪ'liːtɪd]

verbinding (de)	**connection**	[kə'nekʃən]
snelheid (de)	**speed**	[spiːd]
modem (de)	**modem**	['məudem]
toegang (de)	**access**	['ækses]
poort (de)	**port**	[pɔːt]
aansluiting (de)	**connection**	[kə'nekʃən]
zich aansluiten (ww)	**to connect to ...**	[tə kə'nekt tə]

| selecteren (ww) | **to select** (vt) | [tə sɪ'lekt] |
| zoeken (ww) | **to search for ...** | [tə sɜ:tʃ fɔ:(r)] |

Vervoer

141. Vliegtuig

vliegtuig (het)	airplane	['eəpleɪn]
vliegticket (het)	air ticket	['eə 'tɪkɪt]
luchtvaartmaatschappij (de)	airline	['eəlaɪn]
luchthaven (de)	airport	['eəpɔːt]
supersonisch (bn)	supersonic	[ˌsuːpə'sɒnɪk]
gezagvoerder (de)	captain	['kæptɪn]
bemanning (de)	crew	[kruː]
piloot (de)	pilot	['paɪlət]
stewardess (de)	flight attendant	[ˌflaɪt ə'tendənt]
stuurman (de)	navigator	['nævɪgeɪtə(r)]
vleugels (mv.)	wings	[wɪŋz]
staart (de)	tail	[teɪl]
cabine (de)	cockpit	['kɒkpɪt]
motor (de)	engine	['endʒɪn]
landingsgestel (het)	undercarriage	['ʌndəˌkærɪdʒ]
turbine (de)	turbine	['tɜːbaɪn]
propeller (de)	propeller	[prə'pelə(r)]
zwarte doos (de)	black box	[blæk bɒks]
stuur (het)	control column	[kən'trəul 'kɒləm]
brandstof (de)	fuel	[fjuəl]
veiligheidskaart (de)	safety card	['seɪftɪ kɑːd]
zuurstofmasker (het)	oxygen mask	['ɒksɪdʒən mɑːsk]
uniform (het)	uniform	['juːnɪfɔːm]
reddingsvest (de)	life vest	['laɪf vest]
parachute (de)	parachute	['pærəʃuːt]
opstijgen (het)	takeoff	[teɪkɒf]
opstijgen (ww)	to take off (vi)	[tə teɪk ɒf]
startbaan (de)	runway	['rʌnˌweɪ]
zicht (het)	visibility	[ˌvɪzɪ'bɪlɪtɪ]
vlucht (de)	flight	[flaɪt]
hoogte (de)	altitude	['æltɪtjuːd]
luchtzak (de)	air pocket	[eə 'pɒkɪt]
plaats (de)	seat	[siːt]
koptelefoon (de)	headphones	['hedfəunz]
tafeltje (het)	folding tray	['fəuldɪŋ treɪ]
venster (het)	window	['wɪndəu]
gangpad (het)	aisle	[aɪl]

142. Trein

trein (de)	train	[treɪn]
elektrische trein (de)	suburban train	[sə'bɜːbən treɪn]
sneltrein (de)	express train	[ɪk'spres treɪn]
diesellocomotief (de)	diesel locomotive	['diːzəl ˌləʊkə'məʊtɪv]
locomotief (de)	steam engine	[stiːm 'endʒɪn]
rijtuig (het)	passenger car	['pæsɪndʒə kɑː(r)]
restauratierijtuig (het)	dining car	['daɪnɪŋ kɑː]
rails (mv.)	rails	[reɪlz]
spoorweg (de)	railroad	['reɪlrəʊd]
dwarsligger (de)	railway tie	['reɪlweɪ taɪ]
perron (het)	platform	['plætfɔːm]
spoor (het)	track	[træk]
semafoor (de)	semaphore	['seməfɔː(r)]
halte (bijv. kleine treinhalte)	station	['steɪʃən]
machinist (de)	engineer	[ˌendʒɪ'nɪə(r)]
kruier (de)	porter	['pɔːtə(r)]
conducteur (de)	train steward	['treɪn 'stjʊəd]
passagier (de)	passenger	['pæsɪndʒə(r)]
controleur (de)	conductor	[kən'dʌktə(r)]
gang (in een trein)	corridor	['kɒrɪˌdɔː(r)]
noodrem (de)	emergency break	[ɪ'mɜːdʒənsɪ breɪk]
coupé (de)	compartment	[kəm'pɑːtmənt]
bed (slaapplaats)	berth	[bɜːθ]
bovenste bed (het)	upper berth	['ʌpə bɜːθ]
onderste bed (het)	lower berth	['ləʊə 'bɜːθ]
beddengoed (het)	bed linen	[bed 'lɪnɪn]
kaartje (het)	ticket	['tɪkɪt]
dienstregeling (de)	schedule	['skedʒʊl]
informatiebord (het)	information display	[ˌɪnfə'meɪʃən dɪ'spleɪ]
vertrekken	to leave, to depart	[tə liːv], [tə dɪ'pɑːt]
(De trein vertrekt …)		
vertrek (ov. een trein)	departure	[dɪ'pɑːtʃə(r)]
aankomen (ov. de treinen)	to arrive (vi)	[tə ə'raɪv]
aankomst (de)	arrival	[ə'raɪvəl]
aankomen per trein	to arrive by train	[tə ə'raɪv baɪ treɪn]
in de trein stappen	to get on the train	[tə ˌget ɒn ðə 'treɪn]
uit de trein stappen	to get off the train	[tə ˌget əv ðə 'treɪn]
treinwrak (het)	train wreck	[treɪn rek]
ontspoord zijn	to be derailed	[tə bi dɪ'reɪld]
locomotief (de)	steam engine	[stiːm 'endʒɪn]
stoker (de)	stoker, fireman	['stəʊkə], ['faɪəmən]
stookplaats (de)	firebox	['faɪəbɒks]
steenkool (de)	coal	[kəʊl]

143. Schip

| schip (het) | ship | [ʃɪp] |
| vaartuig (het) | vessel | [ˈvesəl] |

stoomboot (de)	steamship	[ˈstiːmʃɪp]
motorschip (het)	riverboat	[ˈrɪvəˌbəʊt]
lijnschip (het)	ocean liner	[ˈəʊʃən ˈlaɪnə(r)]
kruiser (de)	cruiser	[ˈkruːzə(r)]

jacht (het)	yacht	[jɒt]
sleepboot (de)	tugboat	[ˈtʌgbəʊt]
duwbak (de)	barge	[bɑːdʒ]
ferryboot (de)	ferry	[ˈferɪ]

| zeilboot (de) | sailing ship | [ˈseɪlɪŋ ʃɪp] |
| brigantijn (de) | brigantine | [ˈbrɪgəntiːn] |

| IJsbreker (de) | ice breaker | [ˈaɪsˌbreɪkə(r)] |
| duikboot (de) | submarine | [ˌsʌbməˈriːn] |

boot (de)	boat	[bəʊt]
sloep (de)	dinghy	[ˈdɪŋgɪ]
reddingssloep (de)	lifeboat	[ˈlaɪfbəʊt]
motorboot (de)	motorboat	[ˈməʊtəbəʊt]

kapitein (de)	captain	[ˈkæptɪn]
zeeman (de)	seaman	[ˈsiːmən]
matroos (de)	sailor	[ˈseɪlə(r)]
bemanning (de)	crew	[kruː]

bootsman (de)	boatswain	[ˈbəʊsən]
scheepsjongen (de)	ship's boy	[ʃɪps bɔɪ]
kok (de)	cook	[kʊk]
scheepsarts (de)	ship's doctor	[ʃɪps ˈdɒktə(r)]

dek (het)	deck	[dek]
mast (de)	mast	[mɑːst]
zeil (het)	sail	[seɪl]

ruim (het)	hold	[həʊld]
voorsteven (de)	bow	[baʊ]
achtersteven (de)	stern	[stɜːn]
roeispaan (de)	oar	[ɔː(r)]
schroef (de)	propeller	[prəˈpelə(r)]

kajuit (de)	cabin	[ˈkæbɪn]
officierskamer (de)	wardroom	[ˈwɔːdrʊm]
machinekamer (de)	engine room	[ˈendʒɪn ˌruːm]
brug (de)	bridge	[brɪdʒ]
radiokamer (de)	radio room	[ˈreɪdɪəʊ rʊm]
radiogolf (de)	wave	[weɪv]
logboek (het)	logbook	[ˈlɒgbʊk]
verrekijker (de)	spyglass	[ˈspaɪglɑːs]
klok (de)	bell	[bel]

vlag (de)	flag	[flæg]
kabel (de)	rope	['rəʊp]
knoop (de)	knot	[nɒt]

| trapleuning (de) | deckrail | ['dekreɪl] |
| trap (de) | gangway | ['gæŋweɪ] |

anker (het)	anchor	['æŋkə(r)]
het anker lichten	to weigh anchor	[tə weɪ 'æŋkə(r)]
het anker neerlaten	to drop anchor	[tə drɒp 'æŋkə(r)]
ankerketting (de)	anchor chain	['æŋkə ˌtʃeɪn]

haven (bijv. containerhaven)	port	[pɔ:t]
kaai (de)	berth, wharf	[bɜ:θ], [wɔ:f]
aanleggen (ww)	to berth, to moor	[tə bɜ:θ], [tə mɔ:(r)]
wegvaren (ww)	to cast off	[tə kɑ:st ɒf]

reis (de)	trip	[trɪp]
cruise (de)	cruise	[kru:z]
koers (de)	course	[kɔ:s]
route (de)	route	[raʊt]

vaarwater (het)	fairway	['feəweɪ]
zandbank (de)	shallows	['ʃæləʊz]
stranden (ww)	to run aground	[tə rʌn ə'graʊnd]

storm (de)	storm	[stɔ:m]
signaal (het)	signal	['sɪgnəl]
zinken (ov. een boot)	to sink (vi)	[tə sɪŋk]
Man overboord!	Man overboard!	[ˌmæn 'əʊvəbɔ:d]
SOS (noodsignaal)	SOS	[ˌesəʊ'es]
reddingsboei (de)	ring buoy	[rɪŋ bɔɪ]

144. Vliegveld

luchthaven (de)	airport	['eəpɔ:t]
vliegtuig (het)	airplane	['eəpleɪn]
luchtvaartmaatschappij (de)	airline	['eəlaɪn]
luchtverkeersleider (de)	air-traffic controller	['eə 'træfɪk kən'trəʊlə]

vertrek (het)	departure	[dɪ'pɑ:tʃə(r)]
aankomst (de)	arrival	[ə'raɪvəl]
aankomen (per vliegtuig)	to arrive (vi)	[tə ə'raɪv]

| vertrektijd (de) | departure time | [dɪ'pɑ:tʃə ˌtaɪm] |
| aankomstuur (het) | arrival time | [ə'raɪvəl taɪm] |

| vertraagd zijn (ww) | to be delayed | [tə bi dɪ'leɪd] |
| vluchtvertraging (de) | flight delay | [flaɪt dɪ'leɪ] |

informatiebord (het)	information board	[ˌɪnfə'meɪʃən bɔ:d]
informatie (de)	information	[ˌɪnfə'meɪʃən]
aankondigen (ww)	to announce (vt)	[tə ə'naʊns]
vlucht (bijv. KLM ~)	flight	[flaɪt]

douane (de)	customs	['kʌstəmz]
douanier (de)	customs officer	['kʌstəmz 'ɒfɪsə(r)]

douaneaangifte (de)	customs declaration	['kʌstəmz ˌdeklə'reɪʃən]
invullen (douaneaangifte ~)	to fill out (vt)	[tə fɪl 'aʊt]
paspoortcontrole (de)	passport control	['pɑːspɔːt kən'trəʊl]

bagage (de)	luggage	['lʌgɪdʒ]
handbagage (de)	hand luggage	['hænd͵lʌgɪdʒ]
Gevonden voorwerpen	LOST-AND-FOUND	[lɒst ənd faʊnd]
bagagekarretje (het)	luggage cart	['lʌgɪdʒ kɑːt]

landing (de)	landing	['lændɪŋ]
landingsbaan (de)	runway	['rʌn͵weɪ]
landen (ww)	to land (vi)	[tə lænd]
vliegtuigtrap (de)	airstairs	[eə'steəz]

inchecken (het)	check-in	['tʃek ɪn]
incheckbalie (de)	check-in desk	['tʃek ɪn desk]
inchecken (ww)	to check-in (vi)	[tə tʃek ɪn]
instapkaart (de)	boarding pass	['bɔːdɪŋ pɑːs]
gate (de)	departure gate	[dɪ'pɑːtʃə ˌgeɪt]

transit (de)	transit	['trænsɪt]
wachten (ww)	to wait (vt)	[tə weɪt]
wachtzaal (de)	departure lounge	[dɪ'pɑːtʃə laʊndʒ]

145. Fiets. Motorfiets

fiets (de)	bicycle	['baɪsɪkəl]
bromfiets (de)	scooter	['skuːtə(r)]
motorfiets (de)	motorcycle, bike	['məʊtə͵saɪkəl], [baɪk]

met de fiets rijden	to go by bicycle	[tə gəʊ baɪ 'baɪsɪkəl]
stuur (het)	handlebars	['hændəlbɑːz]
pedaal (de/het)	pedal	['pedəl]
remmen (mv.)	brakes	[breɪks]
fietszadel (de/het)	bicycle seat	['baɪsɪkəl siːt]

pomp (de)	pump	[pʌmp]
bagagedrager (de)	luggage rack	['lʌgɪdʒ ræk]
fietslicht (het)	front lamp	[frʌnt læmp]
helm (de)	helmet	['helmɪt]

wiel (het)	wheel	[wiːl]
spatbord (het)	fender	['fendə(r)]
velg (de)	rim	[rɪm]
spaak (de)	spoke	[spəʊk]

Auto's

146. Soorten auto's

auto (de)	automobile, car	['ɔ:təməbi:l], [kɑ:(r)]
sportauto (de)	sports car	['spɔ:ts kɑ:(r)]
limousine (de)	limousine	['lɪməzi:n]
terreinwagen (de)	off-road vehicle	[ɒf'rəʊd 'vi:ɪkəl]
cabriolet (de)	convertible	[kən'vɜ:təbəl]
minibus (de)	minibus	['mɪnɪbʌs]
ambulance (de)	ambulance	['æmbjʊləns]
sneeuwruimer (de)	snowplow	['snəʊplaʊ]
vrachtwagen (de)	truck	[trʌk]
tankwagen (de)	tank truck	['tæŋk trʌk]
bestelwagen (de)	van	[væn]
trekker (de)	trailer truck	['treɪlə trʌk]
aanhangwagen (de)	trailer	['treɪlə(r)]
comfortabel (bn)	comfortable	['kʌmfətəbəl]
tweedehands (bn)	second hand	['sekənd ˌhænd]

147. Auto's. Carrosserie

motorkap (de)	hood	[hʊd]
spatbord (het)	fender	['fendə(r)]
dak (het)	roof	[ru:f]
voorruit (de)	windshield	['wɪndʃi:ld]
achterruit (de)	rear-view mirror	['rɪəvju: 'mɪrə(r)]
ruitensproeier (de)	windshield washer	['wɪndʃi:ld 'wɒʃə(r)]
wisserbladen (mv.)	windshield wipers	['wɪndʃi:ld 'waɪpəz]
zijruit (de)	side window	[ˌsaɪd 'wɪndəʊ]
raamlift (de)	window lift	['wɪndəʊ lɪft]
antenne (de)	antenna	[æn'tenə]
zonnedak (het)	sun roof	['sʌnru:f]
bumper (de)	bumper	['bʌmpə(r)]
koffer (de)	trunk	[trʌŋk]
imperiaal (de/het)	roof luggage rack	[ru:f 'lʌgɪdʒ ræk]
portier (het)	door	[dɔ:(r)]
handvat (het)	door handle	['dɔ: ˌhændəl]
slot (het)	door lock	[dɔ: lɒk]
nummerplaat (de)	license plate	['laɪsəns pleɪt]
knalpot (de)	muffler	['mʌflə(r)]

| benzinetank (de) | gas tank | [gæs tæŋk] |
| uitlaatpijp (de) | tail pipe | [teɪl paɪp] |

gas (het)	gas, accelerator	[gæs], [ək'seləreɪtə(r)]
pedaal (de/het)	pedal	['pedəl]
gaspedaal (de/het)	gas pedal	[gæs 'pedəl]

rem (de)	brake	[breɪk]
rempedaal (de/het)	brake pedal	[ˌbreɪk 'pedəl]
remmen (ww)	to brake (vi)	[tə breɪk]
handrem (de)	parking brake	['pɑːkɪŋ breɪk]

koppeling (de)	clutch	[klʌtʃ]
koppelingspedaal (de/het)	clutch pedal	[klʌtʃ 'pedəl]
koppelingsschijf (de)	clutch plate	[klʌtʃ pleɪt]
schokdemper (de)	shock absorber	[ʃɒk əb'sɔːbə]

wiel (het)	wheel	[wiːl]
reservewiel (het)	spare tire	[speə 'taɪə(r)]
band (de)	tire	['taɪə(r)]
wieldop (de)	hubcap	['hʌbkæp]

aandrijfwielen (mv.)	driving wheels	['draɪvɪŋ ˌwiːlz]
met voorwielaandrijving	front-wheel drive	['frʌnt wiːl ˌdraɪv]
met achterwielaandrijving	rear-wheel drive	[ˌrɪə 'wiːl 'draɪv]
met vierwielaandrijving	all-wheel drive	[ˌɔːl wiːl 'draɪv]

versnellingsbak (de)	gearbox	['gɪəbɒks]
automatisch (bn)	automatic	[ˌɔːtə'mætɪk]
mechanisch (bn)	mechanical	[mɪ'kænɪkəl]
versnellingspook (de)	gear shift	[gɪə ʃɪft]

| voorlicht (het) | headlight | ['hedlaɪt] |
| voorlichten (mv.) | headlights | ['hedlaɪts] |

dimlicht (het)	low beam	[ləʊ biːm]
grootlicht (het)	high beam	[haɪ biːm]
stoplicht (het)	brake light	['breɪklaɪt]

standlichten (mv.)	parking lights	['pɑːkɪŋ laɪts]
noodverlichting (de)	hazard lights	['hæzəd laɪts]
mistlichten (mv.)	fog lights	[fɒg laɪts]
pinker (de)	turn signal	[tɜːn 'sɪgnəl]
achteruitrijdlicht (het)	back-up light	['bækʌp laɪt]

148. Auto's. Passagiersruimte

interieur (het)	car inside	[kɑːrɪn'saɪd]
leren (van leer gemaak)	leather	['leðə(r)]
fluwelen (abn)	velour	[və'lʊə(r)]
bekleding (de)	upholstery	[ˌʌp'həʊlstərɪ]

| toestel (het) | instrument | ['ɪnstrʊmənt] |
| instrumentenbord (het) | dashboard | ['dæʃbɔːd] |

snelheidsmeter (de)	**speedometer**	[spɪˈdɒmɪtə(r)]
pijltje (het)	**needle**	[ˈniːdəl]
kilometerteller (de)	**odometer**	[əʊˈdɒmɪtə(r)]
sensor (de)	**indicator, sensor**	[ˈɪndɪkeɪtə], [ˈsensə]
niveau (het)	**level**	[ˈlevəl]
controlelampje (het)	**warning light**	[ˈwɔːnɪŋ laɪt]
stuur (het)	**steering wheel**	[ˈstɪərɪŋ wiːl]
toeter (de)	**horn**	[hɔːn]
knopje (het)	**button**	[ˈbʌtən]
schakelaar (de)	**switch**	[swɪtʃ]
stoel (bestuurders~)	**seat**	[siːt]
rugleuning (de)	**backrest**	[ˈbækrest]
hoofdsteun (de)	**headrest**	[ˈhedrest]
veiligheidsgordel (de)	**seat belt**	[siːt belt]
de gordel aandoen	**to fasten the belt**	[tə ˈfɑːsən ðə belt]
regeling (de)	**adjustment**	[əˈdʒʌstmənt]
airbag (de)	**airbag**	[ˈeəbæg]
airconditioner (de)	**air-conditioner**	[eə kənˈdɪʃənə]
radio (de)	**radio**	[ˈreɪdɪəʊ]
CD-speler (de)	**CD Player**	[ˌsiːˈdiː ˈpleɪə(r)]
aanzetten (bijv. radio ~)	**to turn on** (vt)	[tə tɜːn ɒn]
antenne (de)	**antenna**	[ænˈtenə]
handschoenenkastje (het)	**glove box**	[ˈglʌvˌbɒks]
asbak (de)	**ashtray**	[ˈæʃtreɪ]

149. Auto's. Motor

diesel- (abn)	**diesel**	[ˈdiːzəl]
benzine- (~motor)	**gasoline**	[ˈgæsəliːn]
motorinhoud (de)	**engine volume**	[ˈendʒɪn ˈvɒljuːm]
vermogen (het)	**power**	[ˈpaʊə(r)]
paardenkracht (de)	**horsepower**	[ˈhɔːsˌpaʊə(r)]
zuiger (de)	**piston**	[ˈpɪstən]
cilinder (de)	**cylinder**	[ˈsɪlɪndə(r)]
klep (de)	**valve**	[vælv]
injectie (de)	**injector**	[ɪnˈdʒektə(r)]
generator (de)	**generator**	[ˈdʒenəreɪtə(r)]
carburator (de)	**carburetor**	[ˌkɑːbəˈretə(r)]
motorolie (de)	**engine oil**	[ˈendʒɪn ˌɔɪl]
radiator (de)	**radiator**	[ˈreɪdɪeɪtə(r)]
koelvloeistof (de)	**coolant**	[ˈkuːlənt]
ventilator (de)	**cooling fan**	[ˈkuːlɪŋ fæn]
accu (de)	**battery**	[ˈbætərɪ]
starter (de)	**starter**	[ˈstɑːtə(r)]
contact (ontsteking)	**ignition**	[ɪgˈnɪʃən]

bougie (de)	**spark plug**	['spɑːk plʌg]
pool (de)	**terminal**	['tɜːmɪnəl]
positieve pool (de)	**positive terminal**	['pɒzɪtɪv 'tɜːmɪnəl]
negatieve pool (de)	**negative terminal**	['negətɪv 'tɜːmɪnəl]
zekering (de)	**fuze, fuse**	[fjuːz]
luchtfilter (de)	**air filter**	[eə 'fɪltə(r)]
oliefilter (de)	**oil filter**	[ɔɪl 'fɪltə(r)]
benzinefilter (de)	**fuel filter**	[fjʊəl 'fɪltə(r)]

150. Auto's. Botsing. Reparatie

auto-ongeval (het)	**car accident**	[kɑːr'æksɪdənt]
verkeersongeluk (het)	**road accident**	[rəʊd 'æksɪdənt]
aanrijden (tegen een boom, enz.)	**to smash** (vi)	[tə smæʃ]
verongelukken (ww)	**to get smashed up**	[tə get smæʃt ʌp]
beschadiging (de)	**damage**	['dæmɪdʒ]
heelhuids (bn)	**intact**	[ɪn'tækt]
pech (de)	**breakdown**	['breɪkdaʊn]
kapot gaan (zijn gebroken)	**to break down** (vi)	[tə 'breɪkdaʊn]
sleeptouw (het)	**towrope**	['təʊrəʊp]
lek (het)	**puncture**	['pʌŋktʃə]
lekke krijgen (band)	**to be flat**	[tə bi flæt]
oppompen (ww)	**to pump up**	[tə pʌmp ʌp]
druk (de)	**pressure**	['preʃə(r)]
checken (controleren)	**to check** (vt)	[tə tʃek]
reparatie (de)	**repair**	[rɪ'peə(r)]
garage (de)	**auto repair shop**	['ɔːtəʊ rɪ'peə ʃɒp]
wisselstuk (het)	**spare part**	[speə pɑːt]
onderdeel (het)	**part**	[pɑːt]
bout (de)	**bolt**	[bəʊlt]
schroef (de)	**screw bolt**	[skruː bəʊlt]
moer (de)	**nut**	[nʌt]
sluitring (de)	**washer**	['wɒʃə(r)]
kogellager (de/het)	**bearing**	['beərɪŋ]
pijp (de)	**tube**	[tjuːb]
pakking (de)	**gasket**	['gæskɪt]
kabel (de)	**cable, wire**	['keɪbəl], ['waɪə]
dommekracht (de)	**jack**	[dʒæk]
moersleutel (de)	**wrench**	[rentʃ]
hamer (de)	**hammer**	['hæmə(r)]
pomp (de)	**pump**	[pʌmp]
schroevendraaier (de)	**screwdriver**	['skruːˌdraɪvə(r)]
brandblusser (de)	**fire extinguisher**	['faɪər ɪk'stɪŋgwɪʃə(r)]
gevarendriehoek (de)	**warning triangle**	['wɔːnɪŋ 'traɪæŋgəl]
afslaan (ophouden te werken)	**to stall** (vi)	[tə stɔːl]

uitvallen (het)	stalling	['stɔ:lɪŋ]
zijn gebroken	to be broken	[tə bi 'brəʊkən]

oververhitten (ww)	to overheat (vi)	[tə ˌəʊvə'hi:t]
verstopt raken (ww)	to be clogged up	[tə bi: ˌklɒgd 'ʌp]
bevriezen (autodeur, enz.)	to freeze up	[tə ˌfri:z 'ʌp]
barsten (leidingen, enz.)	to burst (vi)	[tə bɜ:st]

druk (de)	pressure	['preʃə(r)]
niveau (bijv. olieniveau)	level	['levəl]
slap (de drijfriem is ~)	slack	[slæk]

deuk (de)	dent	[dent]
geklop (vreemde geluiden)	abnormal noise	[æb'nɔ:məl nɔɪz]
barst (de)	crack	[kræk]
kras (de)	scratch	[skrætʃ]

151. Auto's. Weg

weg (de)	road	[rəʊd]
snelweg (de)	highway	['haɪweɪ]
autoweg (de)	freeway	['fri:weɪ]
richting (de)	direction	[dɪ'rekʃən]
afstand (de)	distance	['dɪstəns]

brug (de)	bridge	[brɪdʒ]
parking (de)	parking lot	['pɑ:kɪŋ lɒt]
plein (het)	square	[skweə(r)]
verkeersknooppunt (het)	interchange	['ɪntətʃeɪndʒ]
tunnel (de)	tunnel	['tʌnəl]

benzinestation (het)	gas station	[gæs 'steɪʃən]
parking (de)	parking lot	['pɑ:kɪŋ lɒt]
benzinepomp (de)	gas pump	[gæs pʌmp]
garage (de)	auto repair shop	['ɔ:təʊ rɪ'peə ʃɒp]
tanken (ww)	to get gas	[tə get gæs]
brandstof (de)	fuel	[fjʊəl]
jerrycan (de)	jerrycan	['dʒerɪkæn]

asfalt (het)	asphalt	['æsfælt]
markering (de)	road markings	[rəʊd 'mɑ:kɪŋz]
trottoirband (de)	curb	[kɜ:b]
geleiderail (de)	guardrail	['gɑ:dreɪl]
greppel (de)	ditch	[dɪtʃ]
vluchtstrook (de)	roadside	['rəʊdsaɪd]
lichtmast (de)	lamppost	['læmppəʊst]

besturen (een auto ~)	to drive (vi, vt)	[tə draɪv]
afslaan (naar rechts ~)	to turn (vi)	[tə tɜ:n]
U-bocht maken (ww)	to make a U-turn	[tə meɪk ə ju:-tɜ:n]
achteruit (de)	reverse	[rɪ'vɜ:s]

toeteren (ww)	to honk (vi)	[tə hɒŋk]
toeter (de)	honk	[hɒŋk]

vastzitten (in modder)	**to get stuck**	[tə get stʌk]
spinnen (wielen gaan ~)	**to spin the wheels**	[tə spɪn ðə wiːlz]
uitzetten (ww)	**to stop, to turn off**	[tə stɒp], [tə tɜːn ɒf]
snelheid (de)	**speed**	[spiːd]
een snelheidsovertreding maken	**to exceed the speed limit**	[tə ɪkˈsiːd ðə spiːd ˈlɪmɪt]
bekeuren (ww)	**to give sb a ticket**	[tə gɪv ... ə ˈtɪkɪt]
verkeerslicht (het)	**traffic lights**	[ˈtræfɪk laɪts]
rijbewijs (het)	**driver's license**	[ˈdraɪvəz ˌlaɪsəns]
overgang (de)	**grade crossing**	[greɪd ˈkrɒsɪŋ]
kruispunt (het)	**intersection**	[ˌɪntəˈsekʃən]
zebrapad (oversteekplaats)	**crosswalk**	[ˈkrɒswɔːk]
bocht (de)	**turn**	[tɜːn]
voetgangerszone (de)	**pedestrian zone**	[pɪˈdestrɪən ˌzəʊn]

MENSEN. GEBEURTENISSEN IN HET LEVEN

Gebeurtenissen in het leven

152. Vakanties. Evenement

feest (het)	celebration, holiday	[ˌselɪ'breɪʃən], ['hɒlɪdeɪ]
nationale feestdag (de)	national day	['næʃənəl deɪ]
feestdag (de)	public holiday	['pʌblɪk 'hɒlɪdeɪ]
herdenken (ww)	to commemorate (vt)	[tə kə'meməˌreɪt]
gebeurtenis (de)	event	[ɪ'vent]
evenement (het)	event	[ɪ'vent]
banket (het)	banquet	['bæŋkwɪt]
receptie (de)	reception	[rɪ'sepʃən]
feestmaal (het)	feast	[fiːst]
verjaardag (de)	anniversary	[ænɪ'vɜːsərɪ]
jubileum (het)	jubilee	['dʒuːbɪliː]
vieren (ww)	to celebrate (vt)	[tə 'selɪbreɪt]
Nieuwjaar (het)	New Year	[njuː jɪə(r)]
Gelukkig Nieuwjaar!	Happy New Year!	['hæpɪ njuː jɪə(r)]
Sinterklaas (de)	Santa Claus	['sæntə klɔːz]
Kerstfeest (het)	Christmas	['krɪsməs]
Vrolijk kerstfeest!	Merry Christmas!	[ˌmerɪ 'krɪsməs]
kerstboom (de)	Christmas tree	['krɪsməs triː]
vuurwerk (het)	fireworks	['faɪəwɜːks]
bruiloft (de)	wedding	['wedɪŋ]
bruidegom (de)	groom	[gruːm]
bruid (de)	bride	[braɪd]
uitnodigen (ww)	to invite (vt)	[tə ɪn'vaɪt]
uitnodiging (de)	invitation card	[ˌɪnvɪ'teɪʃən kɑːd]
gast (de)	guest	[gest]
op bezoek gaan	to visit with ...	[tə 'vɪzɪt wɪð]
gasten verwelkomen	to greet the guests	[tə griːt ðə gest]
geschenk, cadeau (het)	gift, present	[gɪft], ['prezənt]
geven (iets cadeau ~)	to give (vt)	[tə gɪv]
geschenken ontvangen	to receive gifts	[tə rɪ'siːv gɪfts]
boeket (het)	bouquet	[bu'keɪ]
felicitaties (mv.)	congratulations	[kənˌgrætʃʊ'leɪʃənz]
feliciteren (ww)	to congratulate (vt)	[tə kən'grætʃʊleɪt]
wenskaart (de)	greeting card	['griːtɪŋ kɑːd]

| een kaartje versturen | to send a postcard | [tə ˌsend ə ˈpəʊstkɑːd] |
| een kaartje ontvangen | to get a postcard | [tə get ə ˈpəʊstkɑːd] |

toast (de)	toast	[təʊst]
aanbieden (een drankje ~)	to offer (vt)	[tə ˈɒfə(r)]
champagne (de)	champagne	[ʃæmˈpeɪn]

plezier hebben (ww)	to enjoy oneself	[tə ɪnˈdʒɔɪ wʌnˈself]
plezier (het)	fun, merriment	[fʌn], [ˈmerɪmənt]
vreugde (de)	joy	[dʒɔɪ]

| dans (de) | dance | [dɑːns] |
| dansen (ww) | to dance (vi, vt) | [tə dɑːns] |

| wals (de) | waltz | [wɔːls] |
| tango (de) | tango | [ˈtæŋɡəʊ] |

153. Begrafenissen. Begrafenis

kerkhof (het)	cemetery	[ˈsemɪtrɪ]
graf (het)	grave, tomb	[greɪv], [tuːm]
grafsteen (de)	gravestone	[ˈgreɪvstəʊn]
omheining (de)	fence	[fens]
kapel (de)	chapel	[ˈtʃæpəl]

dood (de)	death	[deθ]
sterven (ww)	to die (vi)	[tə daɪ]
overledene (de)	the deceased	[ðə dɪˈsiːst]
rouw (de)	mourning	[ˈmɔːnɪŋ]

begraven (ww)	to bury (vt)	[tə ˈberɪ]
begrafenisonderneming (de)	funeral home	[ˈfjuːnərəl həʊm]
begrafenis (de)	funeral	[ˈfjuːnərəl]

krans (de)	wreath	[riːθ]
doodskist (de)	casket	[ˈkɑːskɪt]
lijkwagen (de)	hearse	[hɜːs]
lijkkleed (de)	shroud	[ʃraʊd]

begrafenisstoet (de)	funeral procession	[ˈfjuːnərəl prəˈseʃən]
urn (de)	cremation urn	[krɪˈmeɪʃən ˌɜːn]
crematorium (het)	crematory	[ˈkreməˌtəʊrɪ]

overlijdensbericht (het)	obituary	[əˈbɪtʃʊərɪ]
huilen (wenen)	to cry (vi)	[tə kraɪ]
snikken (huilen)	to sob (vi)	[tə sɒb]

154. Oorlog. Soldaten

peloton (het)	platoon	[pləˈtuːn]
compagnie (de)	company	[ˈkʌmpənɪ]
regiment (het)	regiment	[ˈredʒɪmənt]

leger (armee)	army	[ˈɑːmɪ]
divisie (de)	division	[dɪˈvɪʒən]
sectie (de)	section, squad	[ˈsekʃən], [skwɒd]
troep (de)	host	[həʊst]
soldaat (militair)	soldier	[ˈsəʊldʒə(r)]
officier (de)	officer	[ˈɒfɪsə(r)]
soldaat (rang)	private	[ˈpraɪvɪt]
sergeant (de)	sergeant	[ˈsɑːdʒənt]
luitenant (de)	lieutenant	[luːˈtenənt]
kapitein (de)	captain	[ˈkæptɪn]
majoor (de)	major	[ˈmeɪdʒə(r)]
kolonel (de)	colonel	[ˈkɜːnəl]
generaal (de)	general	[ˈdʒenərəl]
matroos (de)	sailor	[ˈseɪlə(r)]
kapitein (de)	captain	[ˈkæptɪn]
bootsman (de)	boatswain	[ˈbəʊsən]
artillerist (de)	artilleryman	[ɑːˈtɪlərɪmən]
valschermjager (de)	paratrooper	[ˈpærətruːpə(r)]
piloot (de)	pilot	[ˈpaɪlət]
stuurman (de)	navigator	[ˈnævɪgeɪtə(r)]
mecanicien (de)	mechanic	[mɪˈkænɪk]
sappeur (de)	pioneer	[ˌpaɪəˈnɪə(r)]
parachutist (de)	parachutist	[ˈpærəʃuːtɪst]
verkenner (de)	scout	[skaʊt]
scherpschutter (de)	sniper	[ˈsnaɪpə(r)]
patrouille (de)	patrol	[pəˈtrəʊl]
patrouilleren (ww)	to patrol (vi, vt)	[tə pəˈtrəʊl]
wacht (de)	sentry, guard	[ˈsentrɪ], [gɑːd]
krijger (de)	warrior	[ˈwɒrɪə(r)]
held (de)	hero	[ˈhɪərəʊ]
heldin (de)	heroine	[ˈherəʊɪn]
patriot (de)	patriot	[ˈpeɪtrɪət]
verrader (de)	traitor	[ˈtreɪtə(r)]
verraden (ww)	to betray (vt)	[tə bɪˈtreɪ]
deserteur (de)	deserter	[dɪˈzɜːtə(r)]
deserteren (ww)	to desert (vi)	[tə dɪˈzɜːt]
huurling (de)	mercenary	[ˈmɜːsɪnərɪ]
rekruut (de)	recruit	[rɪˈkruːt]
vrijwilliger (de)	volunteer	[ˌvɒlənˈtɪə(r)]
gedode (de)	dead	[ded]
gewonde (de)	wounded	[ˈwuːndɪd]
krijgsgevangene (de)	prisoner of war	[ˈprɪzənə əv wɔː]

155. Oorlog. Militaire acties. Deel 1

oorlog (de)	war	[wɔ:(r)]
oorlog voeren (ww)	to be at war	[tə bi ət wɔ:]
burgeroorlog (de)	civil war	['sɪvəl wɔ:]
achterbaks (bw)	treacherously	['tretʃərəslɪ]
oorlogsverklaring (de)	declaration of war	[ˌdeklə'reɪʃən əv wɔ:]
verklaren (de oorlog ~)	to declare (vt)	[tə dɪ'kleə(r)]
agressie (de)	aggression	[ə'greʃən]
aanvallen (binnenvallen)	to attack (vt)	[tə ə'tæk]
binnenvallen (ww)	to invade (vt)	[tu ɪn'veɪd]
invaller (de)	invader	[ɪn'veɪdə(r)]
veroveraar (de)	conqueror	['kɒŋkərə(r)]
verdediging (de)	defense	[dɪ'fens]
verdedigen (je land ~)	to defend (vt)	[tə dɪ'fend]
zich verdedigen (ww)	to defend (against ...)	[tə dɪ'fend]
vijand (de)	enemy, hostile	['enɪmɪ], ['hɒstəl]
vijandelijk (bn)	enemy	['enɪmɪ]
strategie (de)	strategy	['strætɪdʒɪ]
tactiek (de)	tactics	['tæktɪks]
order (de)	order	['ɔ:də(r)]
bevel (het)	command	[kə'mɑːnd]
bevelen (ww)	to order (vt)	[tə 'ɔ:də(r)]
opdracht (de)	mission	['mɪʃən]
geheim (bn)	secret	['si:krɪt]
veldslag (de)	battle	['bætəl]
strijd (de)	combat	['kɒmbæt]
aanval (de)	attack	[ə'tæk]
bestorming (de)	storming	['stɔ:mɪŋ]
bestormen (ww)	to storm (vt)	[tə stɔ:m]
bezetting (de)	siege	[si:dʒ]
aanval (de)	offensive	[ə'fensɪv]
in het offensief te gaan	to go on the offensive	[tə gəʊ ɒn ði ə'fensɪv]
terugtrekking (de)	retreat	[rɪ'tri:t]
zich terugtrekken (ww)	to retreat (vi)	[tə rɪ'tri:t]
omsingeling (de)	encirclement	[ɪn'sɜ:kəlmənt]
omsingelen (ww)	to encircle (vt)	[tə ɪn'sɜ:kəl]
bombardement (het)	bombing	['bɒmɪŋ]
een bom gooien	to drop a bomb	[tə drɒp ə bɒm]
bombarderen (ww)	to bomb (vt)	[tə bɒm]
ontploffing (de)	explosion	[ɪk'spləʊʒən]
schot (het)	shot	[ʃɒt]
een schot lossen	to fire a shot	[tə ˌfaɪə ə 'ʃɒt]

schieten (het)	firing	['faɪərɪŋ]
mikken op (ww)	to aim (vt)	[tə eɪm]
aanleggen (een wapen ~)	to point (vt)	[tə pɔɪnt]
treffen (doelwit ~)	to hit (vt)	[tə hɪt]

zinken (tot zinken brengen)	to sink (vt)	[tə sɪŋk]
kogelgat (het)	hole	[həʊl]
zinken (gezonken zijn)	to founder, to sink (vi)	[tə 'faʊndə(r)], [tə sɪŋk]

front (het)	front	[frʌnt]
hinterland (het)	rear, homefront	[rɪə(r)], [həʊmfrʌnt]
evacuatie (de)	evacuation	[ɪˌvækjʊ'eɪʃən]
evacueren (ww)	to evacuate (vt)	[tə ɪ'vækjʊeɪt]

loopgraaf (de)	trench	[trentʃ]
prikkeldraad (de)	barbwire	['bɑːbˌwaɪə(r)]
verdedigingsobstakel (het)	barrier	['bærɪə(r)]
wachttoren (de)	watchtower	['wɒtʃˌtaʊə(r)]

hospitaal (het)	hospital	['hɒspɪtəl]
verwonden (ww)	to wound (vt)	[tə wuːnd]
wond (de)	wound	[wuːnd]
gewonde (de)	wounded	['wuːndɪd]
gewond raken (ww)	to be wounded	[tə bi 'wuːndɪd]
ernstig (~e wond)	serious	['sɪərɪəs]

156. Wapens

wapens (mv.)	weapons	['wepənz]
vuurwapens (mv.)	firearm	['faɪərɑːm]
koude wapens (mv.)	cold weapons	[ˌkəʊld 'wepənz]

chemische wapens (mv.)	chemical weapons	['kemɪkəl 'wepənz]
kern-, nucleair (bn)	nuclear	['njuːklɪə(r)]
kernwapens (mv.)	nuclear weapons	['njuːklɪə 'wepənz]

| bom (de) | bomb | [bɒm] |
| atoombom (de) | atomic bomb | [ə'tɒmɪk bɒm] |

pistool (het)	pistol	['pɪstəl]
geweer (het)	rifle	['raɪfəl]
machinepistool (het)	submachine gun	[ˌsʌbmə'ʃiːn gʌn]
machinegeweer (het)	machine gun	[mə'ʃiːn gʌn]

loop (schietbuis)	muzzle	['mʌzəl]
loop (bijv. geweer met kortere ~)	barrel	['bærəl]
kaliber (het)	caliber	['kælɪbə(r)]

trekker (de)	trigger	['trɪgə(r)]
korrel (de)	sight	[saɪt]
magazijn (het)	magazine	[ˌmægə'ziːn]
geweerkolf (de)	butt	[bʌt]
granaat (handgranaat)	hand grenade	[hænd grə'neɪd]

explosieven (mv.)	explosive	[ɪk'spləʊsɪv]
kogel (de)	bullet	['bʊlɪt]
patroon (de)	cartridge	['kɑːtrɪdʒ]
lading (de)	charge	[tʃɑːdʒ]
ammunitie (de)	ammunition	[ˌæmjʊ'nɪʃən]

bommenwerper (de)	bomber	['bɒmə(r)]
straaljager (de)	fighter	['faɪtə(r)]
helikopter (de)	helicopter	['helɪkɒptə(r)]

afweergeschut (het)	anti-aircraft gun	['æntɪ 'eəkrɑːft gʌn]
tank (de)	tank	[tæŋk]
kanon (tank met een ~ van 76 mm)	tank gun	['tæŋk ˌgʌn]

artillerie (de)	artillery	[ɑː'tɪlərɪ]
kanon (het)	cannon	['kænən]

projectiel (het)	shell	[ʃel]
mortiergranaat (de)	mortar bomb	['mɔːtə bɒm]
mortier (de)	mortar	['mɔːtə(r)]
granaatscherf (de)	splinter	['splɪntə(r)]

duikboot (de)	submarine	[ˌsʌbmə'riːn]
torpedo (de)	torpedo	[tɔː'piːdəʊ]
raket (de)	missile	['mɪsəl]

laden (geweer, kanon)	to load (vt)	[tə ləʊd]
schieten (ww)	to shoot (vi)	[tə ʃuːt]
richten op (mikken)	to take aim at …	[tə teɪk eɪm ət]
bajonet (de)	bayonet	['beɪənɪt]

degen (de)	epee	['eɪpeɪ]
sabel (de)	saber	['seɪbə(r)]
speer (de)	spear	[spɪə(r)]
boog (de)	bow	[bəʊ]
pijl (de)	arrow	['ærəʊ]
musket (de)	musket	['mʌskɪt]
kruisboog (de)	crossbow	['krɒsbəʊ]

157. Oude mensen

primitief (bn)	primitive	['prɪmɪtɪv]
voorhistorisch (bn)	prehistoric	[ˌpriːhɪ'stɒrɪk]
eeuwenoude (~ beschaving)	ancient	['eɪnʃənt]

Steentijd (de)	Stone Age	[ˌstəʊn 'eɪdʒ]
Bronstijd (de)	Bronze Age	['brɒnz ˌeɪdʒ]
IJstijd (de)	Ice Age	['aɪs ˌeɪdʒ]

stam (de)	tribe	[traɪb]
menseneter (de)	cannibal	['kænɪbəl]
jager (de)	hunter	['hʌntə(r)]
jagen (ww)	to hunt (vi, vt)	[tə hʌnt]

mammoet (de)	mammoth	['mæməθ]
grot (de)	cave	[keɪv]
vuur (het)	fire	['faɪə(r)]
kampvuur (het)	campfire	['kæmpˌfaɪə(r)]
rotstekening (de)	rock painting	[rɒk 'peɪntɪŋ]

werkinstrument (het)	tool	[tuːl]
speer (de)	spear	[spɪə(r)]
stenen bijl (de)	stone ax	[stəʊn æks]
oorlog voeren (ww)	to be at war	[tə bi ət wɔː]
temmen (bijv. wolf ~)	to domesticate (vt)	[tə də'mestɪkeɪt]

idool (het)	idol	['aɪdəl]
aanbidden (ww)	to worship (vt)	[tə 'wɜːʃɪp]
bijgeloof (het)	superstition	[ˌsuːpə'stɪʃən]
ritueel (het)	rite	[raɪt]

evolutie (de)	evolution	[ˌiːvə'luːʃən]
ontwikkeling (de)	development	[dɪ'veləpmənt]
verdwijning (de)	disappearance	[ˌdɪsə'pɪərəns]
zich aanpassen (ww)	to adapt oneself	[tə ə'dæpt wʌn'self]

archeologie (de)	archeology	[ˌɑːkɪ'ɒlədʒɪ]
archeoloog (de)	archeologist	[ˌɑːkɪ'ɒlədʒɪst]
archeologisch (bn)	archeological	[ˌɑːkɪə'lɒdʒɪkəl]

opgravingsplaats (de)	excavation site	[ˌekskə'veɪʃən saɪt]
opgravingen (mv.)	excavations	[ˌekskə'veɪʃənz]
vondst (de)	find	[faɪnd]
fragment (het)	fragment	['frægmənt]

158. Middeleeuwen

volk (het)	people	['piːpəl]
volkeren (mv.)	peoples	['piːpəlz]
stam (de)	tribe	[traɪb]
stammen (mv.)	tribes	[traɪbz]

barbaren (mv.)	barbarians	[bɑː'beərɪənz]
Galliërs (mv.)	Gauls	[gɔːlz]
Goten (mv.)	Goths	[gɒθs]
Slaven (mv.)	Slavs	[slɑːvz]
Vikings (mv.)	Vikings	['vaɪkɪŋz]

| Romeinen (mv.) | Romans | ['rəʊmənz] |
| Romeins (bn) | Roman | ['rəʊmən] |

Byzantijnen (mv.)	Byzantines	['bɪzantiːnz]
Byzantium (het)	Byzantium	[bɪ'zæntɪəm]
Byzantijns (bn)	Byzantine	['bɪzəntiːn]

keizer (bijv. Romeinse ~)	emperor	['empərə(r)]
opperhoofd (het)	leader, chief	['liːdə], [tʃiːf]
machtig (bn)	powerful	['paʊəfʊl]

| koning (de) | king | [kɪŋ] |
| heerser (de) | ruler | ['ruːlə(r)] |

ridder (de)	knight	[naɪt]
feodaal (de)	feudal lord	['fjuːdəl lɔːd]
feodaal (bn)	feudal	['fjuːdəl]
vazal (de)	vassal	['væsəl]

hertog (de)	duke	[duːk]
graaf (de)	earl	[ɜːl]
baron (de)	baron	['bærən]
bisschop (de)	bishop	['bɪʃəp]

harnas (het)	armor	['ɑːmə(r)]
schild (het)	shield	[ʃiːld]
zwaard (het)	sword	[sɔːd]
vizier (het)	visor	['vaɪzə(r)]
maliënkolder (de)	chainmail	[tʃeɪn meɪl]

| kruistocht (de) | crusade | [kruːˈseɪd] |
| kruisvaarder (de) | crusader | [kruːˈseɪdə(r)] |

| gebied (bijv. bezette ~en) | territory | ['terətrɪ] |
| aanvallen (binnenvallen) | to attack (vt) | [tə əˈtæk] |

| veroveren (ww) | to conquer (vt) | [tə ˈkɒŋkə(r)] |
| innemen (binnenvallen) | to occupy (vt) | [tə ˈɒkjʊpaɪ] |

bezetting (de)	siege	[siːdʒ]
bezet (bn)	besieged	[bɪˈsiːdʒd]
belegeren (ww)	to besiege (vt)	[tə bɪˈsiːdʒ]

inquisitie (de)	inquisition	[ˌɪnkwɪˈzɪʃən]
inquisiteur (de)	inquisitor	[ɪnˈkwɪzɪtə(r)]
foltering (de)	torture	['tɔːtʃə(r)]
wreed (bn)	cruel	[krʊəl]

| ketter (de) | heretic | ['herətɪk] |
| ketterij (de) | heresy | ['herəsɪ] |

zeevaart (de)	seafaring	['siːˌfeərɪŋ]
piraat (de)	pirate	['paɪrət]
piraterij (de)	piracy	['paɪrəsɪ]
enteren (het)	boarding	['bɔːdɪŋ]

| buit (de) | loot | [luːt] |
| schatten (mv.) | treasures | ['treʒəz] |

ontdekking (de)	discovery	[dɪˈskʌvərɪ]
ontdekken (bijv. nieuw land)	to discover (vt)	[tə dɪˈskʌvə(r)]
expeditie (de)	expedition	[ˌekspɪˈdɪʃən]

musketier (de)	musketeer	[ˌmʌskɪˈtɪə(r)]
kardinaal (de)	cardinal	['kɑːdɪnəl]
heraldiek (de)	heraldry	['herəldrɪ]
heraldisch (bn)	heraldic	[heˈrældɪk]

159. Leider. Baas. Autoriteiten

koning (de)	king	[kɪŋ]
koningin (de)	queen	[kwi:n]
koninklijk (bn)	royal	[ˈrɔɪəl]
koninkrijk (het)	kingdom	[ˈkɪŋdəm]

prins (de)	prince	[prɪns]
prinses (de)	princess	[prɪnˈses]

president (de)	president	[ˈprezɪdənt]
vicepresident (de)	vice-president	[vaɪs ˈprezɪdənt]
senator (de)	senator	[ˈsenətə(r)]

monarch (de)	monarch	[ˈmɒnək]
heerser (de)	ruler	[ˈru:lə(r)]
dictator (de)	dictator	[dɪkˈteɪtə(r)]
tiran (de)	tyrant	[ˈtaɪrənt]
magnaat (de)	magnate	[ˈmægneɪt]

directeur (de)	director	[dɪˈrektə(r)]
chef (de)	chief	[tʃi:f]
beheerder (de)	manager	[ˈmænɪdʒə(r)]
baas (de)	boss	[bɒs]
eigenaar (de)	owner	[ˈəʊnə(r)]

leider (de)	leader	[ˈli:də(r)]
hoofd (bijv. ~ van de delegatie)	head	[hed]
autoriteiten (mv.)	authorities	[ɔ:ˈθɒrətɪz]
superieuren (mv.)	superiors	[su:ˈpɪərɪərz]

gouverneur (de)	governor	[ˈgʌvənə(r)]
consul (de)	consul	[ˈkɒnsəl]
diplomaat (de)	diplomat	[ˈdɪpləmæt]
burgemeester (de)	mayor	[meə(r)]
sheriff (de)	sheriff	[ˈʃerɪf]

keizer (bijv. Romeinse ~)	emperor	[ˈempərə(r)]
tsaar (de)	tsar	[zɑ:(r)]
farao (de)	pharaoh	[ˈfeərəʊ]
kan (de)	khan	[kɑ:n]

160. De wet overtreden. Criminelen. Deel 1

bandiet (de)	bandit	[ˈbændɪt]
misdaad (de)	crime	[kraɪm]
misdadiger (de)	criminal	[ˈkrɪmɪnəl]

dief (de)	thief	[θi:f]
stelen (ww)	to steal (vt)	[tə sti:l]
stelen (de)	stealing	[ˈsti:lɪŋ]
diefstal (de)	theft	[θeft]

kidnappen (ww)	to kidnap (vt)	[tə 'kɪdnæp]
kidnapping (de)	kidnapping	['kɪdnæpɪŋ]
kidnapper (de)	kidnapper	['kɪdnæpə(r)]

losgeld (het)	ransom	['rænsəm]
eisen losgeld (ww)	to demand ransom	[tə dɪ'mɑːnd 'rænsəm]

overvallen (ww)	to rob (vt)	[tə rɒb]
overval (de)	robbery	['rɒbərɪ]
overvaller (de)	robber	['rɒbə(r)]

afpersen (ww)	to extort (vt)	[tə ɪk'stɔːt]
afperser (de)	extortionist	[ɪk'stɔːʃənɪst]
afpersing (de)	extortion	[ɪk'stɔːʃən]

vermoorden (ww)	to murder, to kill	[tə 'mɜːdə(r)], [tə kɪl]
moord (de)	murder	['mɜːdə(r)]
moordenaar (de)	murderer	['mɜːdərə(r)]

schot (het)	gunshot	['gʌnʃɒt]
een schot lossen	to fire a shot	[tə ˌfaɪə ə 'ʃɒt]
neerschieten (ww)	to shoot to death	[tə ʃuːt tə deθ]
schieten (ww)	to shoot (vi)	[tə ʃuːt]
schieten (het)	shooting	['ʃuːtɪŋ]

ongeluk (gevecht, enz.)	incident	['ɪnsɪdənt]
gevecht (het)	fight, brawl	[faɪt], [brɔːl]
Help!	Help!	[help]
slachtoffer (het)	victim	['vɪktɪm]

beschadigen (ww)	to damage (vt)	[tə 'dæmɪdʒ]
schade (de)	damage	['dæmɪdʒ]
lijk (het)	dead body	[ded 'bɒdɪ]
zwaar (~ misdrijf)	grave	[greɪv]

aanvallen (ww)	to attack (vt)	[tə ə'tæk]
slaan (iemand ~)	to beat (vt)	[tə biːt]
in elkaar slaan (toetakelen)	to beat ... up	[tə biːt ... ʌp]
ontnemen (beroven)	to take (vt)	[tə teɪk]
steken (met een mes)	to stab to death	[tə stæb tə deθ]
verminken (ww)	to maim (vt)	[tə meɪm]
verwonden (ww)	to wound (vt)	[tə wuːnd]

chantage (de)	blackmail	['blæk.meɪl]
chanteren (ww)	to blackmail (vt)	[tə 'blæk.meɪl]
chanteur (de)	blackmailer	['blæk.meɪlə(r)]

afpersing (de)	protection racket	[prə'tekʃən 'rækɪt]
afperser (de)	racketeer	[ˌrækə'tɪə(r)]
gangster (de)	gangster	['gæŋstə(r)]
maffia (de)	mafia, Mob	['mæfɪə], [mɒb]

kruimeldief (de)	pickpocket	['pɪk.pɒkɪt]
inbreker (de)	burglar	['bɜːglə]
smokkelen (het)	smuggling	['smʌglɪŋ]
smokkelaar (de)	smuggler	['smʌglə(r)]

namaak (de)	forgery	['fɔːdʒərɪ]
namaken (ww)	to forge (vt)	[tə fɔːdʒ]
namaak-, vals (bn)	fake, forged	[feɪk], [fɔːdʒd]

161. De wet overtreden. Criminelen. Deel 2

verkrachting (de)	rape	[reɪp]
verkrachten (ww)	to rape (vt)	[tə reɪp]
verkrachter (de)	rapist	['reɪpɪst]
maniak (de)	maniac	['meɪnɪæk]

prostituee (de)	prostitute	['prɒstɪtjuːt]
prostitutie (de)	prostitution	[ˌprɒstɪ'tjuːʃən]
pooier (de)	pimp	[pɪmp]

| drugsverslaafde (de) | drug addict | ['drʌgˌædɪkt] |
| drugshandelaar (de) | drug dealer | ['drʌg ˌdiːlə(r)] |

opblazen (ww)	to blow up (vt)	[tə bləʊ ʌp]
explosie (de)	explosion	[ɪk'spləʊʒən]
in brand steken (ww)	to set fire	[tə set 'faɪə(r)]
brandstichter (de)	arsonist	['ɑːsənɪst]

terrorisme (het)	terrorism	['terərɪzəm]
terrorist (de)	terrorist	['terərɪst]
gijzelaar (de)	hostage	['hɒstɪdʒ]

bedriegen (ww)	to swindle (vt)	[tə 'swɪndəl]
bedrog (het)	swindle, deception	['swɪndəl], [dɪ'sepʃən]
oplichter (de)	swindler	['swɪndlə(r)]

omkopen (ww)	to bribe (vt)	[tə braɪb]
omkoperij (de)	bribery	['braɪbərɪ]
smeergeld (het)	bribe	[braɪb]

vergif (het)	poison	['pɔɪzən]
vergiftigen (ww)	to poison (vt)	[tə 'pɔɪzən]
vergif innemen (ww)	to poison oneself	[tə 'pɔɪzən wʌn'self]

| zelfmoord (de) | suicide | ['suːɪsaɪd] |
| zelfmoordenaar (de) | suicide | ['suːɪsaɪd] |

bedreigen (bijv. met een pistool)	to threaten (vt)	[tə 'θretən]
bedreiging (de)	threat	[θret]
een aanslag plegen	to make an attempt	[tə meɪk ən ə'tempt]
aanslag (de)	attempt	[ə'tempt]

| stelen (een auto) | to steal (vt) | [tə stiːl] |
| kapen (een vliegtuig) | to hijack (vt) | [tə 'haɪdʒæk] |

wraak (de)	revenge	[rɪ'vendʒ]
wreken (ww)	to avenge (vt)	[tə ə'vendʒ]
martelen (gevangenen)	to torture (vt)	[tə 'tɔːtʃə(r)]

| foltering (de) | torture | ['tɔːtʃə(r)] |
| folteren (ww) | to torment (vt) | [tə tɔːˈment] |

piraat (de)	pirate	['paɪrət]
straatschender (de)	hooligan	['huːlɪgən]
gewapend (bn)	armed	[ɑːmd]
geweld (het)	violence	['vaɪələns]
onwettig (strafbaar)	illegal	[ɪˈliːgəl]

| spionage (de) | spying | ['spaɪɪŋ] |
| spioneren (ww) | to spy (vi) | [tə spaɪ] |

162. Politie. Wet. Deel 1

| gerecht (het) | justice | ['dʒʌstɪs] |
| gerechtshof (het) | court | [kɔːt] |

rechter (de)	judge	[dʒʌdʒ]
jury (de)	jurors	['dʒʊərəz]
juryrechtspraak (de)	jury trial	['dʒʊərɪ 'traɪəl]
berechten (ww)	to judge (vt)	[tə dʒʌdʒ]

advocaat (de)	lawyer, attorney	['lɔːjə(r)], [əˈtɜːnɪ]
beklaagde (de)	accused	[əˈkjuːzd]
beklaagdenbank (de)	dock	[dɒk]

| beschuldiging (de) | charge | [tʃɑːdʒ] |
| beschuldigde (de) | accused | [əˈkjuːzd] |

vonnis (het)	sentence	['sentəns]
veroordelen	to sentence (vt)	[tə ˈsentəns]
(in een rechtszaak)		

| straffen (ww) | to punish (vt) | [tə ˈpʌnɪʃ] |
| bestraffing (de) | punishment | ['pʌnɪʃmənt] |

boete (de)	fine	[faɪn]
levenslange opsluiting (de)	life imprisonment	[laɪf ɪmˈprɪzənmənt]
doodstraf (de)	death penalty	['deθ ˌpenəltɪ]
elektrische stoel (de)	electric chair	[ɪˈlektrɪk 'tʃeə(r)]
schavot (het)	gallows	['gæləʊz]

| executeren (ww) | to execute (vt) | [tə ˈeksɪkjuːt] |
| executie (de) | execution | [ˌeksɪˈkjuːʃən] |

| gevangenis (de) | prison, jail | ['prɪzən], [dʒeɪl] |
| cel (de) | cell | [sel] |

konvooi (het)	escort	['eskɔːt]
gevangenisbewaker (de)	prison guard	['prɪzən gɑːd]
gedetineerde (de)	prisoner	['prɪzənə(r)]

| handboeien (mv.) | handcuffs | ['hændkʌfs] |
| handboeien omdoen | to handcuff (vt) | [tə ˈhændkʌf] |

ontsnapping (de)	prison break	['prɪzən breɪk]
ontsnappen (ww)	to break out (vi)	[tə breɪk 'aʊt]
verdwijnen (ww)	to disappear (vi)	[tə ˌdɪsə'pɪə(r)]
vrijlaten (uit de gevangenis)	to release (vt)	[tə rɪ'li:s]
amnestie (de)	amnesty	['æmnəstɪ]

politie (de)	police	[pə'li:s]
politieagent (de)	police officer	[pə'li:s'ɒfɪsə(r)]
politiebureau (het)	police station	[pə'li:s 'steɪʃən]
knuppel (de)	billy club	['bɪlɪ klʌb]
megafoon (de)	bullhorn	['bʊlhɔ:n]

patrouilleerwagen (de)	patrol car	[pə'trəʊl kɑ:(r)]
sirene (de)	siren	['saɪərən]
de sirene aansteken	to turn on the siren	[tə tɜ:n ˌɒn ðə 'saɪərən]
geloei (het) van de sirene	siren call	['saɪərən kɔ:l]

plaats delict (de)	crime scene	[kraɪm si:n]
getuige (de)	witness	['wɪtnɪs]
vrijheid (de)	freedom	['fri:dəm]
handlanger (de)	accomplice	[ə'kʌmplɪs]
spoor (het)	trace	[treɪs]

163. Politie. Wet. Deel 2

opsporing (de)	search	[sɜ:tʃ]
opsporen (ww)	to look for ...	[tə lʊk fɔ:(r)]
verdenking (de)	suspicion	[sə'spɪʃən]
verdacht (bn)	suspicious	[sə'spɪʃəs]
aanhouden (stoppen)	to stop (vt)	[tə stɒp]
tegenhouden (ww)	to detain (vt)	[tə dɪ'teɪn]

strafzaak (de)	case	[keɪs]
onderzoek (het)	investigation	[ɪnˌvestɪ'geɪʃən]
detective (de)	detective	[dɪ'tektɪv]
onderzoeksrechter (de)	investigator	[ɪn'vestɪˌgeɪtə(r)]
versie (de)	hypothesis	[haɪ'pɒθɪsɪs]

motief (het)	motive	['məʊtɪv]
verhoor (het)	interrogation	[ɪnˌterə'geɪʃən]
ondervragen (door de politie)	to interrogate (vt)	[tə ɪn'terəgeɪt]
ondervragen (omstanders ~)	to question (vt)	[tə 'kwestʃən]
controle (de)	check	[tʃek]

razzia (de)	round-up	[raʊndʌp]
huiszoeking (de)	search	[sɜ:tʃ]
achtervolging (de)	chase	[tʃeɪs]
achtervolgen (ww)	to pursue, to chase	[tə pə'sju:], [tə tʃeɪs]
opsporen (ww)	to track (vt)	[tə træk]

arrest (het)	arrest	[ə'rest]
arresteren (ww)	to arrest (vt)	[tə ə'rest]
vangen, aanhouden (een dief, enz.)	to catch (vt)	[tə kætʃ]

aanhouding (de)	**capture**	['kæptʃə(r)]
document (het)	**document**	['dɒkjumənt]
bewijs (het)	**proof**	[pru:f]
bewijzen (ww)	**to prove** (vt)	[tə pru:v]
voetspoor (het)	**footprint**	['futprɪnt]
vingerafdrukken (mv.)	**fingerprints**	['fɪŋgəprɪnts]
bewijs (het)	**piece of evidence**	[pi:s ɒf 'evɪdəns]
alibi (het)	**alibi**	['ælɪbaɪ]
onschuldig (bn)	**innocent**	['ɪnəsənt]
onrecht (het)	**injustice**	[ɪn'dʒʌstɪs]
onrechtvaardig (bn)	**unjust, unfair**	[ˌʌn'dʒʌst], [ˌʌn'feə(r)]
crimineel (bn)	**criminal**	['krɪmɪnəl]
confisqueren (in beslag nemen)	**to confiscate** (vt)	[tə 'kɒnfɪskeɪt]
drug (de)	**drug**	[drʌg]
wapen (het)	**weapon, gun**	['wepən], [gʌn]
ontwapenen (ww)	**to disarm** (vt)	[tə dɪs'ɑ:m]
bevelen (ww)	**to order** (vt)	[tə 'ɔ:də(r)]
verdwijnen (ww)	**to disappear** (vi)	[tə ˌdɪsə'pɪə(r)]
wet (de)	**law**	[lɔ:]
wettelijk (bn)	**legal, lawful**	['li:gəl], ['lɔ:ful]
onwettelijk (bn)	**illegal, illicit**	[ɪ'li:gəl], [ɪ'lɪsɪt]
verantwoordelijkheid (de)	**responsibility**	[rɪˌspɒnsə'bɪlɪtɪ]
verantwoordelijk (bn)	**responsible**	[rɪ'spɒnsəbəl]

NATUUR

De Aarde. Deel 1

164. De kosmische ruimte

kosmos (de)	cosmos	['kɒzmɒs]
kosmisch (bn)	space	[speɪs]
kosmische ruimte (de)	outer space	['aʊtə speɪs]
sterrenstelsel (het)	galaxy	['gæləksɪ]
ster (de)	star	[stɑ:(r)]
sterrenbeeld (het)	constellation	[ˌkɒnstə'leɪʃən]
planeet (de)	planet	['plænɪt]
satelliet (de)	satellite	['sætəlaɪt]
meteoriet (de)	meteorite	['mi:tjəraɪt]
komeet (de)	comet	['kɒmɪt]
asteroïde (de)	asteroid	['æstərɔɪd]
baan (de)	orbit	['ɔ:bɪt]
draaien (om de zon, enz.)	to rotate (vi)	[tə rəʊ'teɪt]
atmosfeer (de)	atmosphere	['ætməˌsfɪə(r)]
Zon (de)	the Sun	[ðə sʌn]
zonnestelsel (het)	solar system	['səʊlə 'sɪstəm]
zonsverduistering (de)	solar eclipse	['səʊlə ɪ'klɪps]
Aarde (de)	the Earth	[ðɪ ɜ:θ]
Maan (de)	the Moon	[ðə mu:n]
Mars (de)	Mars	[mɑ:z]
Venus (de)	Venus	['vi:nəs]
Jupiter (de)	Jupiter	['dʒu:pɪtə(r)]
Saturnus (de)	Saturn	['sætən]
Mercurius (de)	Mercury	['mɜ:kjʊrɪ]
Uranus (de)	Uranus	['jʊərənəs]
Neptunus (de)	Neptune	['neptju:n]
Pluto (de)	Pluto	['plu:təʊ]
Melkweg (de)	Milky Way	['mɪlkɪ weɪ]
Grote Beer (de)	Great Bear	[greɪt beə(r)]
Poolster (de)	North Star	[nɔ:θ stɑ:(r)]
marsmannetje (het)	Martian	['mɑ:ʃən]
buitenaards wezen (het)	extraterrestrial	[ˌekstrətə'restrɪəl]
bovenaards (het)	alien	['eɪljən]

| vliegende schotel (de) | flying saucer | ['flaɪɪŋ 'sɔːsə(r)] |
| ruimtevaartuig (het) | spaceship | ['speɪsʃɪp] |

| ruimtestation (het) | space station | [speɪs 'steɪʃən] |
| start (de) | blast-off | [blɑːst ɒf] |

motor (de)	engine	['endʒɪn]
straalpijp (de)	nozzle	['nɒzəl]
brandstof (de)	fuel	[fjʊəl]

cabine (de)	cockpit	['kɒkpɪt]
antenne (de)	antenna	[æn'tenə]
patrijspoort (de)	porthole	['pɔːthəʊl]
zonnebatterij (de)	solar battery	['səʊlə 'bætərɪ]
ruimtepak (het)	spacesuit	['speɪssuːt]

| gewichtloosheid (de) | weightlessness | ['weɪtlɪsnɪs] |
| zuurstof (de) | oxygen | ['ɒksɪdʒən] |

| koppeling (de) | docking | ['dɒkɪŋ] |
| koppeling maken | to dock (vi, vt) | [tə dɒk] |

| observatorium (het) | observatory | [əb'zɜːvətrɪ] |
| telescoop (de) | telescope | ['telɪskəʊp] |

| waarnemen (ww) | to observe (vt) | [tə əb'zɜːv] |
| exploreren (ww) | to explore (vt) | [tə ɪk'splɔː(r)] |

165. De Aarde

Aarde (de)	the Earth	[ðɪ ɜːθ]
aardbol (de)	globe	[gləʊb]
planeet (de)	planet	['plænɪt]

atmosfeer (de)	atmosphere	['ætməˌsfɪə(r)]
aardrijkskunde (de)	geography	[dʒɪ'ɒgrəfɪ]
natuur (de)	nature	['neɪtʃə(r)]

wereldbol (de)	globe	[gləʊb]
kaart (de)	map	[mæp]
atlas (de)	atlas	['ætləs]

| Europa (het) | Europe | ['jʊərəp] |
| Azië (het) | Asia | ['eɪʒə] |

| Afrika (het) | Africa | ['æfrɪkə] |
| Australië (het) | Australia | [ɒ'streɪljə] |

Amerika (het)	America	[ə'merɪkə]
Noord-Amerika (het)	North America	[nɔːθ ə'merɪkə]
Zuid-Amerika (het)	South America	[saʊθ ə'merɪkə]

| Antarctica (het) | Antarctica | [ænt'ɑːktɪkə] |
| Arctis (de) | the Arctic | [ðə 'ɑːktɪk] |

166. Windrichtingen

noorden (het)	**north**	[nɔ:θ]
naar het noorden	**to the north**	[tə ðə nɔ:θ]
in het noorden	**in the north**	[ɪn ðə nɔ:θ]
noordelijk (bn)	**northern**	['nɔ:ðən]
zuiden (het)	**south**	[saʊθ]
naar het zuiden	**to the south**	[tə ðə saʊθ]
in het zuiden	**in the south**	[ɪn ðə saʊθ]
zuidelijk (bn)	**southern**	['sʌðən]
westen (het)	**west**	[west]
naar het westen	**to the west**	[tə ðə west]
in het westen	**in the west**	[ɪn ðə west]
westelijk (bn)	**western**	['westən]
oosten (het)	**east**	[i:st]
naar het oosten	**to the east**	[tə ðɪ i:st]
in het oosten	**in the east**	[ɪn ðɪ i:st]
oostelijk (bn)	**eastern**	['i:stən]

167. Zee. Oceaan

zee (de)	**sea**	[si:]
oceaan (de)	**ocean**	['əʊʃən]
golf (baai)	**gulf**	[gʌlf]
straat (de)	**straits**	[streɪts]
grond (vaste grond)	**solid ground**	['sɒlɪd graʊnd]
continent (het)	**continent**	['kɒntɪnənt]
eiland (het)	**island**	['aɪlənd]
schiereiland (het)	**peninsula**	[pə'nɪnsjʊlə]
archipel (de)	**archipelago**	[ˌɑ:kɪ'pelɪgəʊ]
baai, bocht (de)	**bay**	[beɪ]
haven (de)	**harbor**	['hɑ:bə(r)]
lagune (de)	**lagoon**	[lə'gu:n]
kaap (de)	**cape**	[keɪp]
atol (de)	**atoll**	['ætɒl]
rif (het)	**reef**	[ri:f]
koraal (het)	**coral**	['kɒrəl]
koraalrif (het)	**coral reef**	['kɒrəl ri:f]
diep (bn)	**deep**	[di:p]
diepte (de)	**depth**	[depθ]
diepzee (de)	**abyss**	[ə'bɪs]
trog (bijv. Marianentrog)	**trench**	[trentʃ]
stroming (de)	**current**	['kʌrənt]
omspoelen (ww)	**to surround** (vt)	[tə sə'raʊnd]
oever (de)	**shore**	[ʃɔ:(r)]

kust (de)	coast	[kəʊst]
vloed (de)	high tide	[haɪ taɪd]
eb (de)	low tide	[ləʊ taɪd]
ondiepte (ondiep water)	sandbank	['sændbæŋk]
bodem (de)	bottom	['bɒtəm]

golf (hoge ~)	wave	[weɪv]
golfkam (de)	crest	[krest]
schuim (het)	froth	[frɒθ]

storm (de)	storm	[stɔːm]
orkaan (de)	hurricane	['hʌrɪkən]
tsunami (de)	tsunami	[tsuː'nɑːmɪ]
windstilte (de)	calm	[kɑːm]
kalm (bijv. ~e zee)	quiet, calm	['kwaɪət], [kɑːm]

pool (de)	pole	[pəʊl]
polair (bn)	polar	['pəʊlə(r)]

breedtegraad (de)	latitude	['lætɪtjuːd]
lengtegraad (de)	longitude	['lɒndʒɪtjuːd]
parallel (de)	parallel	['pærəlel]
evenaar (de)	equator	[ɪ'kweɪtə(r)]

hemel (de)	sky	[skaɪ]
horizon (de)	horizon	[hə'raɪzən]
lucht (de)	air	[eə]

vuurtoren (de)	lighthouse	['laɪthaʊs]
duiken (ww)	to dive (vi)	[tə daɪv]
zinken (ov. een boot)	to sink (vi)	[tə sɪŋk]
schatten (mv.)	treasures	['treʒəz]

168. Bergen

berg (de)	mountain	['maʊntɪn]
bergketen (de)	mountain range	['maʊntɪn reɪndʒ]
gebergte (het)	mountain ridge	['maʊntɪn rɪdʒ]

bergtop (de)	summit, top	['sʌmɪt], [tɒp]
bergpiek (de)	peak	[piːk]
voet (ov. de berg)	foot	[fʊt]
helling (de)	slope	[sləʊp]

vulkaan (de)	volcano	[vɒl'kenəʊ]
actieve vulkaan (de)	active volcano	['æktɪv vɒl'kenəʊ]
uitgedoofde vulkaan (de)	dormant volcano	['dɔːmənt vɒl'kenəʊ]

uitbarsting (de)	eruption	[ɪ'rʌpʃən]
krater (de)	crater	['kreɪtə(r)]
magma (het)	magma	['mægmə]
lava (de)	lava	['lɑːvə]
gloeiend (~e lava)	molten	['məʊltən]
kloof (canyon)	canyon	['kænjən]

bergkloof (de)	gorge	[gɔːdʒ]
spleet (de)	crevice	['krevɪs]
afgrond (de)	abyss	[ə'bɪs]

bergpas (de)	pass, col	[pɑːs], [kɒl]
plateau (het)	plateau	['plætəʊ]
klip (de)	cliff	[klɪf]
heuvel (de)	hill	[hɪl]

gletsjer (de)	glacier	['gleɪʃə(r)]
waterval (de)	waterfall	['wɔːtəfɔːl]
geiser (de)	geyser	['gaɪzə(r)]
meer (het)	lake	[leɪk]

vlakte (de)	plain	[pleɪn]
landschap (het)	landscape	['lændskeɪp]
echo (de)	echo	['ekəʊ]

alpinist (de)	alpinist	['ælpɪnɪst]
bergbeklimmer (de)	rock climber	[rɒk 'klaɪmə(r)]
trotseren (berg ~)	conquer (vt)	['kɒŋkə(r)]
beklimming (de)	climb	[klaɪm]

169. Rivieren

rivier (de)	river	['rɪvə(r)]
bron (~ van een rivier)	spring	[sprɪŋ]
rivierbedding (de)	riverbed	['rɪvəbed]
rivierbekken (het)	basin	['beɪsən]
uitmonden in ...	to flow into ...	[tə fləʊ 'ɪntʊ]

| zijrivier (de) | tributary | ['trɪbjʊtrɪ] |
| oever (de) | bank | [bæŋk] |

stroming (de)	current, stream	['kʌrənt], [striːm]
stroomafwaarts (bw)	downstream	['daʊnˌstriːm]
stroomopwaarts (bw)	upstream	[ˌʌp'striːm]

overstroming (de)	inundation	[ˌɪnʌn'deɪʃən]
overstroming (de)	flooding	['flʌdɪŋ]
buiten zijn oevers treden	to overflow (vi)	[tə ˌəʊvə'fləʊ]
overstromen (ww)	to flood (vt)	[tə flʌd]

| zandbank (de) | shallows | ['ʃæləʊz] |
| stroomversnelling (de) | rapids | ['ræpɪdz] |

dam (de)	dam	[dæm]
kanaal (het)	canal	[kə'næl]
spaarbekken (het)	artificial lake	[ˌɑːtɪ'fɪʃəl leɪk]
sluis (de)	sluice, lock	[sluːs], [lɒk]

waterlichaam (het)	water body	['wɔːtə 'bɒdɪ]
moeras (het)	swamp, bog	[swɒmp], [bɒg]
broek (het)	marsh	[mɑːʃ]

draaikolk (de)	whirlpool	[ˈwɜːlpuːl]
stroom (de)	stream	[striːm]
drink- (abn)	drinking	[ˈdrɪŋkɪŋ]
zoet (~ water)	fresh	[freʃ]

IJs (het)	ice	[aɪs]
bevriezen (rivier, enz.)	to freeze over	[tə friːz ˈəʊvə(r)]

170. Bos

bos (het)	forest	[ˈfɒrɪst]
bos- (abn)	forest	[ˈfɒrɪst]

oerwoud (dicht bos)	thick forest	[θɪk ˈfɒrɪst]
bosje (klein bos)	grove	[grəʊv]
open plek (de)	clearing	[ˈklɪərɪŋ]

struikgewas (het)	thicket	[ˈθɪkɪt]
struiken (mv.)	scrubland	[ˈskrʌblænd]

paadje (het)	footpath	[ˈfʊtpɑːθ]
ravijn (het)	gully	[ˈgʌlɪ]

boom (de)	tree	[triː]
blad (het)	leaf	[liːf]
gebladerte (het)	leaves	[liːvz]

vallende bladeren (mv.)	fall of leaves	[fɔːl əv liːvz]
vallen (ov. de bladeren)	to fall (vi)	[tə fɔːl]
boomtop (de)	top	[tɒp]

tak (de)	branch	[brɑːntʃ]
ent (de)	bough	[baʊ]
knop (de)	bud	[bʌd]
naald (de)	needle	[ˈniːdəl]
dennenappel (de)	pine cone	[paɪn kəʊn]

boom holte (de)	hollow	[ˈhɒləʊ]
nest (het)	nest	[nest]
hol (het)	burrow, animal hole	[ˈbʌrəʊ], [ˈænɪməl həʊl]

stam (de)	trunk	[trʌŋk]
wortel (bijv. boom~s)	root	[ruːt]
schors (de)	bark	[bɑːk]
mos (het)	moss	[mɒs]

ontwortelen (een boom)	to uproot (vt)	[tə ˌʌpˈruːt]
kappen (een boom ~)	to chop down	[tə tʃɒp daʊn]
ontbossen (ww)	to deforest (vt)	[tə ˌdiːˈfɒrɪst]
stronk (de)	tree stump	[triː stʌmp]

kampvuur (het)	campfire	[ˈkæmpˌfaɪə(r)]
bosbrand (de)	forest fire	[ˈfɒrɪst ˈfaɪə(r)]
blussen (ww)	to extinguish (vt)	[tə ɪkˈstɪŋgwɪʃ]

boswachter (de)	forest ranger	['fɒrɪst 'reɪndʒə]
bescherming (de)	protection	[prə'tekʃən]
beschermen	to protect (vt)	[tə prə'tekt]
(bijv. de natuur ~)		
stroper (de)	poacher	['pəʊtʃə(r)]
val (de)	trap	[træp]

| plukken (vruchten, enz.) | to gather, to pick (vt) | [tə 'gæðə(r)], [tə pɪk] |
| verdwalen (de weg kwijt zijn) | to lose one's way | [tə lu:z wʌnz weɪ] |

171. Natuurlijke hulpbronnen

natuurlijke rijkdommen (mv.)	natural resources	['nætʃərəl rɪ'sɔ:sɪz]
delfstoffen (mv.)	minerals	['mɪnərəlz]
lagen (mv.)	deposits	[dɪ'pɒzɪts]
veld (bijv. olie~)	field	[fi:ld]

winnen (uit erts ~)	to mine (vt)	[tə maɪn]
winning (de)	mining	['maɪnɪŋ]
erts (het)	ore	[ɔ:(r)]
mijn (bijv. kolenmijn)	mine	[maɪn]
mijnschacht (de)	mine shaft, pit	[maɪn ʃɑ:ft], [pɪt]
mijnwerker (de)	miner	['maɪnə(r)]

gas (het)	gas	[gæs]
gasleiding (de)	gas pipeline	[gæs 'paɪplaɪn]
olie (aardolie)	oil, petroleum	[ɔɪl], [pɪ'trəʊliəm]
olieleiding (de)	oil pipeline	[ɔɪl 'paɪplaɪn]
oliebron (de)	oil well	[ɔɪl wel]
boortoren (de)	derrick	['derɪk]
tanker (de)	tanker	['tæŋkə(r)]

zand (het)	sand	[sænd]
kalksteen (de)	limestone	['laɪmstəʊn]
grind (het)	gravel	['grævəl]
veen (het)	peat	[pi:t]
klei (de)	clay	[kleɪ]
steenkool (de)	coal	[kəʊl]

IJzer (het)	iron	['aɪrən]
goud (het)	gold	[gəʊld]
zilver (het)	silver	['sɪlvə(r)]
nikkel (het)	nickel	['nɪkəl]
koper (het)	copper	['kɒpə(r)]

zink (het)	zinc	[zɪŋk]
mangaan (het)	manganese	['mæŋgəni:z]
kwik (het)	mercury	['mɜ:kjʊrɪ]
lood (het)	lead	[led]

mineraal (het)	mineral	['mɪnərəl]
kristal (het)	crystal	['krɪstəl]
marmer (het)	marble	['mɑ:bəl]
uraan (het)	uranium	[jʊ'reɪnjəm]

De Aarde. Deel 2

172. Weer

weer (het)	**weather**	['weðə(r)]
weersvoorspelling (de)	**weather forecast**	['weðə 'fɔːkɑːst]
temperatuur (de)	**temperature**	['temprətʃə(r)]
thermometer (de)	**thermometer**	[θə'mɒmitə(r)]
barometer (de)	**barometer**	[bə'rɒmitə(r)]
vochtig (bn)	**humid**	['hjuːmɪd]
vochtigheid (de)	**humidity**	[hju:'mɪdəti]
hitte (de)	**heat**	[hiːt]
heet (bn)	**hot, torrid**	[hɒt], ['tɒrɪd]
het is heet	**it's hot**	[ɪts hɒt]
het is warm	**it's warm**	[ɪts wɔːm]
warm (bn)	**warm**	[wɔːm]
het is koud	**it's cold**	[ɪts kəʊld]
koud (bn)	**cold**	[kəʊld]
zon (de)	**sun**	[sʌn]
schijnen (de zon)	**to shine** (vi)	[tə ʃaɪn]
zonnig (~e dag)	**sunny**	['sʌni]
opgaan (ov. de zon)	**to come up** (vi)	[tə kʌm ʌp]
ondergaan (ww)	**to set** (vi)	[tə set]
wolk (de)	**cloud**	[klaʊd]
bewolkt (bn)	**cloudy**	['klaʊdi]
regenwolk (de)	**rain cloud**	[reɪn klaʊd]
somber (bn)	**somber**	['sɒmbə(r)]
regen (de)	**rain**	[reɪn]
het regent	**it's raining**	[ɪts 'reɪnɪŋ]
regenachtig (bn)	**rainy**	['reɪni]
motregenen (ww)	**to drizzle** (vi)	[tə 'drɪzəl]
plensbui (de)	**pouring rain**	['pɔːrɪŋ reɪn]
stortbui (de)	**downpour**	['daʊnpɔː(r)]
hard (bn)	**heavy**	['hevi]
plas (de)	**puddle**	['pʌdəl]
nat worden (ww)	**to get wet**	[tə get wet]
mist (de)	**fog, mist**	[fɒg], [mɪst]
mistig (bn)	**foggy**	['fɒgi]
sneeuw (de)	**snow**	[snəʊ]
het sneeuwt	**it's snowing**	[ɪts snəʊɪŋ]

173. Zwaar weer. Natuurrampen

noodweer (storm)	thunderstorm	['θʌndəstɔːm]
bliksem (de)	lightning	['laɪtnɪŋ]
flitsen (ww)	to flash (vi)	[tə flæʃ]
donder (de)	thunder	['θʌndə(r)]
donderen (ww)	to thunder (vi)	[tə 'θʌndə(r)]
het dondert	it's thundering	[ɪts 'θʌndərɪŋ]
hagel (de)	hail	[heɪl]
het hagelt	it's hailing	[ɪts heɪlɪŋ]
overstromen (ww)	to flood (vt)	[tə flʌd]
overstroming (de)	flood	[flʌd]
aardbeving (de)	earthquake	['ɜːθkweɪk]
aardschok (de)	tremor, quake	['tremə(r)], [kweɪk]
epicentrum (het)	epicenter	['epɪsentə(r)]
uitbarsting (de)	eruption	[ɪ'rʌpʃən]
lava (de)	lava	['lɑːvə]
wervelwind (de)	twister	['twɪstə(r)]
tyfoon (de)	typhoon	[taɪ'fuːn]
orkaan (de)	hurricane	['hʌrɪkən]
storm (de)	storm	[stɔːm]
tsunami (de)	tsunami	[tsuː'nɑːmɪ]
cycloon (de)	cyclone	['saɪkləʊn]
onweer (het)	bad weather	[bæd 'weðə(r)]
brand (de)	fire	['faɪə(r)]
ramp (de)	disaster	[dɪ'zɑːstə(r)]
meteoriet (de)	meteorite	['miːtjəraɪt]
lawine (de)	avalanche	['ævəlɑːnʃ]
sneeuwverschuiving (de)	snowslide	['snəʊslaɪd]
sneeuwjacht (de)	blizzard	['blɪzəd]
sneeuwstorm (de)	snowstorm	['snəʊstɔːm]

Fauna

174. Zoogdieren. Roofdieren

roofdier (het)	predator	['predətə(r)]
tijger (de)	tiger	['taɪgə(r)]
leeuw (de)	lion	['laɪən]
wolf (de)	wolf	[wʊlf]
vos (de)	fox	[fɒks]
jaguar (de)	jaguar	['dʒægjʊə(r)]
luipaard (de)	leopard	['lepəd]
jachtluipaard (de)	cheetah	['tʃi:tə]
panter (de)	black panther	[blæk 'pænθə(r)]
poema (de)	puma	['pju:mə]
sneeuwluipaard (de)	snow leopard	[snəʊ 'lepəd]
lynx (de)	lynx	[lɪnks]
coyote (de)	coyote	[kɔɪ'əʊtɪ]
jakhals (de)	jackal	['dʒækəl]
hyena (de)	hyena	[haɪ'i:nə]

175. Wilde dieren

dier (het)	animal	['ænɪməl]
beest (het)	beast	[bi:st]
eekhoorn (de)	squirrel	['skwɜ:rəl]
egel (de)	hedgehog	['hedʒhɒg]
haas (de)	hare	[heə(r)]
konijn (het)	rabbit	['ræbɪt]
das (de)	badger	['bædʒə(r)]
wasbeer (de)	raccoon	[rə'ku:n]
hamster (de)	hamster	['hæmstə(r)]
marmot (de)	marmot	['mɑ:mət]
mol (de)	mole	[məʊl]
muis (de)	mouse	[maʊs]
rat (de)	rat	[ræt]
vleermuis (de)	bat	[bæt]
hermelijn (de)	ermine	['ɜ:mɪn]
sabeldier (het)	sable	['seɪbəl]
marter (de)	marten	['mɑ:tɪn]
wezel (de)	weasel	['wi:zəl]
nerts (de)	mink	[mɪŋk]

bever (de)	**beaver**	['biːvə(r)]
otter (de)	**otter**	['ɒtə(r)]

paard (het)	**horse**	[hɔːs]
eland (de)	**moose**	[muːs]
hert (het)	**deer**	[dɪə(r)]
kameel (de)	**camel**	['kæməl]

bizon (de)	**bison**	['baɪsən]
oeros (de)	**aurochs**	['ɔːrɒks]
buffel (de)	**buffalo**	['bʌfələʊ]

zebra (de)	**zebra**	['ziːbrə]
antilope (de)	**antelope**	['æntɪləʊp]
ree (de)	**roe deer**	[rəʊ dɪə(r)]
damhert (het)	**fallow deer**	['fæləʊ dɪə(r)]
gems (de)	**chamois**	['ʃæmwɑː]
everzwijn (het)	**wild boar**	[ˌwaɪld 'bɔː(r)]

walvis (de)	**whale**	[weɪl]
rob (de)	**seal**	[siːl]
walrus (de)	**walrus**	['wɔːlrəs]
zeehond (de)	**fur seal**	['fɜːˌsiːl]
dolfijn (de)	**dolphin**	['dɒlfɪn]

beer (de)	**bear**	[beə]
IJsbeer (de)	**polar bear**	['pəʊlə ˌbeə(r)]
panda (de)	**panda**	['pændə]

aap (de)	**monkey**	['mʌŋkɪ]
chimpansee (de)	**chimpanzee**	[ˌʧɪmpæn'ziː]
orang-oetan (de)	**orangutan**	[ɒˌræŋuː'tæn]
gorilla (de)	**gorilla**	[gə'rɪlə]
makaak (de)	**macaque**	[mə'kɑːk]
gibbon (de)	**gibbon**	['gɪbən]

olifant (de)	**elephant**	['elɪfənt]
neushoorn (de)	**rhinoceros**	[raɪ'nɒsərəs]
giraffe (de)	**giraffe**	[dʒɪ'rɑːf]
nijlpaard (het)	**hippopotamus**	[ˌhɪpə'pɒtəməs]

kangoeroe (de)	**kangaroo**	[ˌkæŋgə'ruː]
koala (de)	**koala**	[kəʊ'ɑːlə]

mangoest (de)	**mongoose**	['mɒŋguːs]
chinchilla (de)	**chinchilla**	[ˌʧɪn'ʧɪlə]
stinkdier (het)	**skunk**	[skʌŋk]
stekelvarken (het)	**porcupine**	['pɔːkjʊpaɪn]

176. Huisdieren

poes (de)	**cat**	[kæt]
kater (de)	**tomcat**	['tɒmkæt]
hond (de)	**dog**	[dɒg]

paard (het)	horse	[hɔ:s]
hengst (de)	stallion	['stælɪən]
merrie (de)	mare	[meə(r)]
koe (de)	cow	[kaʊ]
stier (de)	bull	[bʊl]
os (de)	ox	[ɒks]
schaap (het)	sheep	[ʃi:p]
ram (de)	ram	[ræm]
geit (de)	goat	[gəʊt]
bok (de)	he-goat	['hi: gəʊt]
ezel (de)	donkey	['dɒŋkɪ]
muilezel (de)	mule	[mju:l]
varken (het)	pig	[pɪg]
biggetje (het)	piglet	['pɪglɪt]
konijn (het)	rabbit	['ræbɪt]
kip (de)	hen	[hen]
haan (de)	rooster	['ru:stə(r)]
eend (de)	duck	[dʌk]
woerd (de)	drake	[dreɪk]
gans (de)	goose	[gu:s]
kalkoen haan (de)	tom turkey	[tɒm 'tɜ:kɪ]
kalkoen (de)	turkey	['tɜ:kɪ]
huisdieren (mv.)	domestic animals	[də'mestɪk 'ænɪməlz]
tam (bijv. hamster)	tame	[teɪm]
temmen (tam maken)	to tame (vt)	[tə teɪm]
fokken (bijv. paarden ~)	to breed (vt)	[tə bri:d]
boerderij (de)	farm	[fɑ:m]
gevogelte (het)	poultry	['pəʊltrɪ]
rundvee (het)	cattle	['kætəl]
kudde (de)	herd	[hɜ:d]
paardenstal (de)	stable	['steɪbəl]
zwijnenstal (de)	pigsty	['pɪgstaɪ]
koeienstal (de)	cowshed	['kaʊʃed]
konijnenhok (het)	rabbit hutch	['ræbɪt ˌhʌtʃ]
kippenhok (het)	hen house	['henˌhaʊs]

177. Honden. Hondenrassen

hond (de)	dog	[dɒg]
herdershond (de)	sheepdog	['ʃi:pdɒg]
Duitse herdershond (de)	German shepherd dog	['dʒɜ:mən 'ʃepəd dɒg]
poedel (de)	poodle	['pu:dəl]
teckel (de)	dachshund	['dækshʊnd]
buldog (de)	bulldog	['bʊldɒg]

boxer (de)	boxer	['bɒksə(r)]
mastiff (de)	mastiff	['mæstɪf]
rottweiler (de)	rottweiler	['rɒt‚vaɪlə(r)]
doberman (de)	Doberman	['dəʊbəmən]

basset (de)	basset	['bæsɪt]
bobtail (de)	bobtail	['bɒbteɪl]
dalmatièr (de)	Dalmatian	[dæl'meɪʃən]
cockerspaniël (de)	cocker spaniel	['kɒkə 'spænjəl]

| newfoundlander (de) | Newfoundland | ['nju:fəndlənd] |
| sint-bernard (de) | Saint Bernard | [seɪnt 'bɜ:nəd] |

poolhond (de)	husky	['hʌskɪ]
chowchow (de)	Chow Chow	[tʃaʊ tʃaʊ]
spits (de)	spitz	[spɪts]
mopshond (de)	pug	[pʌg]

178. Dierengeluiden

geblaf (het)	barking	['bɑ:kɪŋ]
blaffen (ww)	to bark (vi)	[tə bɑ:k]
miauwen (ww)	to meow (vi)	[tə mi:'aʊ]
spinnen (katten)	to purr (vi)	[tə pɜ:(r)]

loeien (ov. een koe)	to moo (vi)	[tə mu:]
brullen (stier)	to bellow (vi)	[tə 'beləʊ]
grommen (ov. de honden)	to growl (vi)	[tə graʊl]

gehuil (het)	howl	[haʊl]
huilen (wolf, enz.)	to howl (vi)	[tə haʊl]
janken (ov. een hond)	to whine (vi)	[tə waɪn]

mekkeren (schapen)	to bleat (vi)	[tə bli:t]
knorren (varkens)	to grunt (vi)	[tə grʌnt]
gillen (bijv. varken)	to squeal (vi)	[tə skwi:l]

kwaken (kikvorsen)	to croak (vi)	[tə krəʊk]
zoemen (hommel, enz.)	to buzz (vi)	[tə bʌz]
tjirpen (sprinkhanen)	to chirp (vi)	[tə tʃɜ:p]

179. Vogels

vogel (de)	bird	[bɜ:d]
duif (de)	pigeon	['pɪdʒɪn]
mus (de)	sparrow	['spærəʊ]
koolmees (de)	tit	[tɪt]
ekster (de)	magpie	['mægpaɪ]

raaf (de)	raven	['reɪvən]
kraai (de)	crow	[krəʊ]
kauw (de)	jackdaw	['dʒækdɔ:]

roek (de)	rook	[rʊk]
eend (de)	duck	[dʌk]
gans (de)	goose	[gu:s]
fazant (de)	pheasant	['fezənt]
arend (de)	eagle	['i:gəl]
havik (de)	hawk	[hɔ:k]
valk (de)	falcon	['fɔ:lkən]
gier (de)	vulture	['vʌltʃə]
condor (de)	condor	['kɒndɔ:(r)]
zwaan (de)	swan	[swɒn]
kraanvogel (de)	crane	[kreɪn]
ooievaar (de)	stork	[stɔ:k]
papegaai (de)	parrot	['pærət]
kolibrie (de)	hummingbird	['hʌmɪŋˌbɜ:d]
pauw (de)	peacock	['pi:kɒk]
struisvogel (de)	ostrich	['ɒstrɪtʃ]
reiger (de)	heron	['herən]
flamingo (de)	flamingo	[fləˈmɪŋgəʊ]
pelikaan (de)	pelican	['pelɪkən]
nachtegaal (de)	nightingale	['naɪtɪŋgeɪl]
zwaluw (de)	swallow	['swɒləʊ]
lijster (de)	thrush	[θrʌʃ]
zanglijster (de)	song thrush	[sɒŋ θrʌʃ]
merel (de)	blackbird	['blækˌbɜ:d]
gierzwaluw (de)	swift	[swɪft]
leeuwerik (de)	lark	[lɑ:k]
kwartel (de)	quail	[kweɪl]
specht (de)	woodpecker	['wʊdˌpekə(r)]
koekoek (de)	cuckoo	['kʊku:]
uil (de)	owl	[aʊl]
oehoe (de)	eagle owl	['i:gəl aʊl]
auerhoen (het)	wood grouse	[wʊd graʊs]
korhoen (het)	black grouse	[blæk graʊs]
patrijs (de)	partridge	['pɑ:trɪdʒ]
spreeuw (de)	starling	['stɑ:lɪŋ]
kanarie (de)	canary	[kəˈneərɪ]
hazelhoen (het)	hazel grouse	['heɪzəl graʊs]
vink (de)	chaffinch	['tʃæfɪntʃ]
goudvink (de)	bullfinch	['bʊlfɪntʃ]
meeuw (de)	seagull	['si:gʌl]
albatros (de)	albatross	['ælbətrɒs]
pinguïn (de)	penguin	['peŋgwɪn]

180. Vogels. Zingen en geluiden

fluiten, zingen (ww)	to sing (vi)	[tə sɪŋ]
schreeuwen (dieren, vogels)	to call (vi)	[tə kɔ:l]
kraaien (ov. een haan)	to crow (vi)	[tə krəʊ]
kukeleku	cock-a-doodle-doo	[ˌkɒkədu:dəlˈduː]
klokken (hen)	to cluck (vi)	[tə klʌk]
krassen (kraai)	to caw (vi)	[tə kɔ:]
kwaken (eend)	to quack (vi)	[tə kwæk]
piepen (kuiken)	to cheep (vi)	[tə tʃi:p]
tjilpen (bijv. een mus)	to chirp, to twitter	[tə tʃɜ:p], [tə ˈtwɪtə(r)]

181. Vis. Zeedieren

brasem (de)	bream	[bri:m]
karper (de)	carp	[kɑ:p]
baars (de)	perch	[pɜ:tʃ]
meerval (de)	catfish	[ˈkætfɪʃ]
snoek (de)	pike	[paɪk]
zalm (de)	salmon	[ˈsæmən]
steur (de)	sturgeon	[ˈstɜ:dʒən]
haring (de)	herring	[ˈherɪŋ]
atlantische zalm (de)	Atlantic salmon	[ətˈlæntɪk ˈsæmən]
makreel (de)	mackerel	[ˈmækərəl]
platvis (de)	flatfish	[ˈflætfɪʃ]
snoekbaars (de)	pike perch	[paɪk pɜ:tʃ]
kabeljauw (de)	cod	[kɒd]
tonijn (de)	tuna	[ˈtu:nə]
forel (de)	trout	[traʊt]
paling (de)	eel	[i:l]
sidderrog (de)	electric ray	[ɪˈlektrɪk reɪ]
murene (de)	moray eel	[ˈmɒreɪ i:l]
piranha (de)	piranha	[pɪˈrɑ:nə]
haai (de)	shark	[ʃɑ:k]
dolfijn (de)	dolphin	[ˈdɒlfɪn]
walvis (de)	whale	[weɪl]
krab (de)	crab	[kræb]
kwal (de)	jellyfish	[ˈdʒelɪfɪʃ]
octopus (de)	octopus	[ˈɒktəpəs]
zeester (de)	starfish	[ˈstɑ:fɪʃ]
zee-egel (de)	sea urchin	[si: ˈɜ:tʃɪn]
zeepaardje (het)	seahorse	[ˈsi:hɔ:s]
oester (de)	oyster	[ˈɔɪstə(r)]
garnaal (de)	shrimp	[ʃrɪmp]

| kreeft (de) | lobster | ['lɒbstə(r)] |
| langoest (de) | spiny lobster | ['spaɪnɪ 'lɒbstə(r)] |

182. Amfibieén. Reptielen

| slang (de) | snake | [sneɪk] |
| giftig (slang) | venomous | ['venəməs] |

adder (de)	viper	['vaɪpə(r)]
cobra (de)	cobra	['kəʊbrə]
python (de)	python	['paɪθən]
boa (de)	boa	['bəʊə]

ringslang (de)	grass snake	['grɑ:s͵sneɪk]
ratelslang (de)	rattle snake	['rætəl sneɪk]
anaconda (de)	anaconda	[ænə'kɒndə]

hagedis (de)	lizard	['lɪzəd]
leguaan (de)	iguana	[ɪ'gwɑ:nə]
varaan (de)	monitor lizard	['mɒnɪtə 'lɪzəd]
salamander (de)	salamander	['sælə͵mændə(r)]
kameleon (de)	chameleon	[kə'mi:lɪən]
schorpioen (de)	scorpion	['skɔ:pɪən]

schildpad (de)	turtle	['tɜ:təl]
kikker (de)	frog	[frɒg]
pad (de)	toad	[təʊd]
krokodil (de)	crocodile	['krɒkədaɪl]

183. Insecten

insect (het)	insect, bug	['ɪnsekt], [bʌg]
vlinder (de)	butterfly	['bʌtəflaɪ]
mier (de)	ant	[ænt]
vlieg (de)	fly	[flaɪ]
mug (de)	mosquito	[mə'ski:təʊ]
kever (de)	beetle	['bi:təl]

wesp (de)	wasp	[wɒsp]
bij (de)	bee	[bi:]
hommel (de)	bumblebee	['bʌmbəlbi:]
horzel (de)	gadfly	['gædflaɪ]

| spin (de) | spider | ['spaɪdə(r)] |
| spinnenweb (het) | spider's web | ['spaɪdəz web] |

libel (de)	dragonfly	['drægənflaɪ]
sprinkhaan (de)	grasshopper	['grɑ:s͵hɒpə(r)]
nachtvlinder (de)	moth	[mɒθ]

| kakkerlak (de) | cockroach | ['kɒkrəʊtʃ] |
| mijt (de) | tick | [tɪk] |

| vlo (de) | flea | [fli:] |
| kriebelmug (de) | midge | [mɪdʒ] |

treksprinkhaan (de)	locust	['leʊkəst]
slak (de)	snail	[sneɪl]
krekel (de)	cricket	['krɪkɪt]
glimworm (de)	lightning bug	['laɪtnɪŋ bʌg]
lieveheersbeestje (het)	ladybug	['leɪdɪbʌg]
meikever (de)	cockchafer	['kɒkˌtʃeɪfə(r)]

bloedzuiger (de)	leech	[li:tʃ]
rups (de)	caterpillar	['kætəpɪlə(r)]
aardworm (de)	earthworm	['ɜ:θwɜ:m]
larve (de)	larva	['la:və]

184. Dieren. Lichaamsdelen

snavel (de)	beak	[bi:k]
vleugels (mv.)	wings	[wɪŋz]
poot (ov. een vogel)	foot	[fʊt]
verenkleed (het)	feathering	['feðərɪŋ]
veer (de)	feather	['feðə(r)]
kuifje (het)	crest	[krest]

kieuwen (mv.)	gills	[dʒɪls]
kuit, dril (de)	spawn	[spɔ:n]
larve (de)	larva	['la:və]
vin (de)	fin	[fɪn]
schubben (mv.)	scales	[skeɪlz]

slagtand (de)	fang	[fæŋ]
poot (bijv. ~ van een kat)	paw	[pɔ:]
muil (de)	muzzle	['mʌzəl]
bek (mond van dieren)	mouth	[maʊθ]
staart (de)	tail	[teɪl]
snorharen (mv.)	whiskers	['wɪskəz]

| hoef (de) | hoof | [hu:f] |
| hoorn (de) | horn | [hɔ:n] |

schild (schildpad, enz.)	carapace	['kærəpeɪs]
schelp (de)	shell	[ʃel]
eierschaal (de)	shell	[ʃel]

| vacht (de) | hair | [heə(r)] |
| huid (de) | pelt | [pelt] |

185. Dieren. Leefomgevingen

leefgebied (het)	habitat	['hæbɪtæt]
migratie (de)	migration	[maɪ'greɪʃən]
berg (de)	mountain	['maʊntɪn]

rif (het)	**reef**	[ri:f]
klip (de)	**cliff**	[klɪf]
bos (het)	**forest**	['fɒrɪst]
jungle (de)	**jungle**	['dʒʌŋgəl]
savanne (de)	**savanna**	[sə'vænə]
toendra (de)	**tundra**	['tʌndrə]
steppe (de)	**steppe**	[step]
woestijn (de)	**desert**	['dezət]
oase (de)	**oasis**	[əʊ'eɪsɪs]
zee (de)	**sea**	[si:]
meer (het)	**lake**	[leɪk]
oceaan (de)	**ocean**	['əʊʃən]
moeras (het)	**swamp**	[swɒmp]
zoetwater- (abn)	**freshwater**	['freʃ,wɔ:tə(r)]
vijver (de)	**pond**	[pɒnd]
rivier (de)	**river**	['rɪvə(r)]
berenhol (het)	**den**	[den]
nest (het)	**nest**	[nest]
boom holte (de)	**hollow**	['hɒləʊ]
hol (het)	**burrow**	['bʌrəʊ]
mierenhoop (de)	**anthill**	['ænthɪl]

Flora

186. Bomen

boom (de)	**tree**	[triː]
loof- (abn)	**deciduous**	[dɪˈsɪdjʊəs]
dennen- (abn)	**coniferous**	[kəˈnɪfərəs]
groenblijvend (bn)	**evergreen**	[ˈevəgriːn]
appelboom (de)	**apple tree**	[ˈæpəl ˌtriː]
perenboom (de)	**pear tree**	[ˈpeə ˌtriː]
pruimelaar (de)	**plum tree**	[ˈplʌm triː]
berk (de)	**birch**	[bɜːtʃ]
eik (de)	**oak**	[əʊk]
linde (de)	**linden tree**	[ˈlɪndən triː]
esp (de)	**aspen**	[ˈæspən]
esdoorn (de)	**maple**	[ˈmeɪpəl]
spar (de)	**spruce**	[spruːs]
den (de)	**pine**	[paɪn]
lariks (de)	**larch**	[lɑːtʃ]
zilverspar (de)	**fir**	[fɜː(r)]
ceder (de)	**cedar**	[ˈsiːdə(r)]
populier (de)	**poplar**	[ˈpɒplə(r)]
lijsterbes (de)	**rowan**	[ˈrəʊən]
wilg (de)	**willow**	[ˈwɪləʊ]
els (de)	**alder**	[ˈɔːldə(r)]
beuk (de)	**beech**	[biːtʃ]
iep (de)	**elm**	[elm]
es (de)	**ash**	[æʃ]
kastanje (de)	**chestnut**	[ˈtʃesnʌt]
magnolia (de)	**magnolia**	[mægˈnəʊlɪə]
palm (de)	**palm tree**	[pɑːm triː]
cipres (de)	**cypress**	[ˈsaɪprəs]
mangrove (de)	**mangrove**	[ˈmæŋgrəʊv]
baobab (apenbroodboom)	**baobab**	[ˈbeɪəʊˌbæb]
eucalyptus (de)	**eucalyptus**	[juːkəˈlɪptəs]
mammoetboom (de)	**sequoia**	[sɪˈkwɔɪə]

187. Heesters

struik (de)	**bush**	[bʊʃ]
heester (de)	**shrub**	[ʃrʌb]

| wijnstok (de) | grapevine | ['greɪpvaɪn] |
| wijngaard (de) | vineyard | ['vɪnjəd] |

frambozenstruik (de)	raspberry bush	['rɑ:zbərɪ bʊʃ]
rode bessenstruik (de)	redcurrant bush	['redkʌrənt bʊʃ]
kruisbessenstruik (de)	gooseberry bush	['gʊzbərɪ ˌbʊʃ]

acacia (de)	acacia	[ə'keɪʃə]
zuurbes (de)	barberry	['bɑ:bərɪ]
jasmijn (de)	jasmine	['dʒæzmɪn]

jeneverbes (de)	juniper	['dʒu:nɪpə(r)]
rozenstruik (de)	rosebush	['rəʊzbʊʃ]
hondsroos (de)	dog rose	['dɒg ˌrəʊz]

188. Champignons

paddenstoel (de)	mushroom	['mʌʃrʊm]
eetbare paddenstoel (de)	edible mushroom	['edɪbəl 'mʌʃrʊm]
giftige paddenstoel (de)	toadstool	['təʊdstu:l]
hoed (de)	cap	[kæp]
steel (de)	stipe	[staɪp]

gewoon eekhoorntjesbrood (het)	cep	[sep]
rosse populierenboleet (de)	orange-cap boletus	['ɒrɪndʒ kæp bə'li:təs]
berkenboleet (de)	birch bolete	[bɜ:tʃ bə'li:tə]
cantharel (de)	chanterelle	[ʃɒntə'rel]
russula (de)	russula	['rʌsjʊlə]

morille (de)	morel	[mə'rel]
vliegenzwam (de)	fly agaric	[flaɪ 'ægərɪk]
groene knolzwam (de)	death cap	['deθ ˌkæp]

189. Vruchten. Bessen

vrucht (de)	fruit	[fru:t]
vruchten (mv.)	fruits	[fru:ts]
appel (de)	apple	['æpəl]
peer (de)	pear	[peə(r)]
pruim (de)	plum	[plʌm]

| aardbei (de) | strawberry | ['strɔ:bərɪ] |
| druif (de) | grape | [greɪp] |

framboos (de)	raspberry	['rɑ:zbərɪ]
zwarte bes (de)	blackcurrant	[ˌblæk'kʌrənt]
rode bes (de)	redcurrant	['redkʌrənt]
kruisbes (de)	gooseberry	['gʊzbərɪ]
veenbes (de)	cranberry	['krænbərɪ]
sinaasappel (de)	orange	['ɒrɪndʒ]
mandarijn (de)	mandarin	['mændərɪn]

ananas (de)	**pineapple**	['paɪn‚æpəl]
banaan (de)	**banana**	[bə'nɑːnə]
dadel (de)	**date**	[deɪt]

citroen (de)	**lemon**	['lemən]
abrikoos (de)	**apricot**	['eɪprɪkɒt]
perzik (de)	**peach**	[piːtʃ]
kiwi (de)	**kiwi**	['kiːwiː]
grapefruit (de)	**grapefruit**	['greɪpfruːt]

bes (de)	**berry**	['berɪ]
bessen (mv.)	**berries**	['berɪːz]
vossenbes (de)	**cowberry**	['kaʊberɪ]
bosaardbei (de)	**field strawberry**	[‚fiːld 'strɔːberɪ]
bosbes (de)	**bilberry**	['bɪlberɪ]

190. Bloemen. Planten

bloem (de)	**flower**	['flaʊə(r)]
boeket (het)	**bouquet**	[bʊ'keɪ]

roos (de)	**rose**	[rəʊz]
tulp (de)	**tulip**	['tjuːlɪp]
anjer (de)	**carnation**	[kɑː'neɪʃən]
gladiool (de)	**gladiolus**	[‚glædɪ'əʊləs]

korenbloem (de)	**cornflower**	['kɔːnflaʊə(r)]
klokje (het)	**bluebell**	['bluːbel]
paardenbloem (de)	**dandelion**	['dændɪlaɪən]
kamille (de)	**camomile**	['kæməmaɪl]

aloë (de)	**aloe**	['æləʊ]
cactus (de)	**cactus**	['kæktəs]
ficus (de)	**rubber plant, ficus**	['rʌbə plɑːnt], ['faɪkəs]

lelie (de)	**lily**	['lɪlɪ]
geranium (de)	**geranium**	[dʒɪ'reɪnjəm]
hyacint (de)	**hyacinth**	['haɪəsɪnθ]

mimosa (de)	**mimosa**	[mɪ'məʊzə]
narcis (de)	**narcissus**	[nɑː'sɪsəs]
Oostindische kers (de)	**nasturtium**	[nəs'tɜːʃəm]

orchidee (de)	**orchid**	['ɔːkɪd]
pioenroos (de)	**peony**	['piːənɪ]
viooltje (het)	**violet**	['vaɪələt]

driekleurig viooltje (het)	**pansy**	['pænzɪ]
vergeet-mij-nietje (het)	**forget-me-not**	[fə'get mi ‚nɒt]
madeliefje (het)	**daisy**	['deɪzɪ]

papaver (de)	**poppy**	['pɒpɪ]
hennep (de)	**hemp**	[hemp]
munt (de)	**mint**	[mɪnt]

| lelietje-van-dalen (het) | lily of the valley | ['lɪlɪ əv ðə 'væli] |
| sneeuwklokje (het) | snowdrop | ['snəʊdrɒp] |

brandnetel (de)	nettle	['netəl]
veldzuring (de)	sorrel	['sɒrəl]
waterlelie (de)	water lily	['wɔ:tə 'lɪlɪ]
varen (de)	fern	[fɜ:n]
korstmos (het)	lichen	['laɪkən]

oranjerie (de)	tropical greenhouse	['trɒpɪkəl 'gri:nhaʊs]
gazon (het)	lawn	[lɔ:n]
bloemperk (het)	flowerbed	['flaʊəbed]

plant (de)	plant	[plɑ:nt]
gras (het)	grass	[grɑ:s]
grasspriet (de)	blade of grass	[bleɪd əv grɑ:s]

blad (het)	leaf	[li:f]
bloemblad (het)	petal	['petəl]
stengel (de)	stem	[stem]
knol (de)	tuber	['tju:bə(r)]

| scheut (de) | young plant | [jʌŋ plɑ:nt] |
| doorn (de) | thorn | [θɔ:n] |

bloeien (ww)	to blossom (vi)	[tə 'blɒsəm]
verwelken (ww)	to fade (vi)	[tə feɪd]
geur (de)	smell	[smel]
snijden (bijv. bloemen ~)	to cut (vt)	[tə kʌt]
plukken (bloemen ~)	to pick (vt)	[tə pɪk]

191. Granen, graankorrels

graan (het)	grain	[greɪn]
graangewassen (mv.)	cereal crops	['sɪərɪəl krɒps]
aar (de)	ear	[ɪə(r)]

tarwe (de)	wheat	[wi:t]
rogge (de)	rye	[raɪ]
haver (de)	oats	[əʊts]
gierst (de)	millet	['mɪlɪt]
gerst (de)	barley	['bɑ:lɪ]

maïs (de)	corn	[kɔ:n]
rijst (de)	rice	[raɪs]
boekweit (de)	buckwheat	['bʌkwi:t]

erwt (de)	pea	[pi:]
boon (de)	kidney bean	['kɪdnɪ bi:n]
soja (de)	soy	[sɔɪ]
linze (de)	lentil	['lentɪl]
bonen (mv.)	beans	[bi:nz]

REGIONALE AARDRIJKSKUNDE

Landen. Nationaliteiten

192. Politiek. Overheid. Deel 1

politiek (de)	politics	['pɒlətɪks]
politiek (bn)	political	[pə'lɪtɪkəl]
politicus (de)	politician	[ˌpɒlɪ'tɪʃən]
staat (land)	state	[steɪt]
burger (de)	citizen	['sɪtɪzən]
staatsburgerschap (het)	citizenship	['sɪtɪzənʃɪp]
nationaal wapen (het)	national emblem	['næʃənəl 'embləm]
volkslied (het)	national anthem	['næʃənəl 'ænθəm]
regering (de)	government	['ɡʌvənmənt]
staatshoofd (het)	head of state	[hed əv steɪt]
parlement (het)	parliament	['pɑːləmənt]
partij (de)	party	['pɑːtɪ]
kapitalisme (het)	capitalism	['kæpɪtəlɪzəm]
kapitalistisch (bn)	capitalist	['kæpɪtəlɪst]
socialisme (het)	socialism	['səʊʃəlɪzəm]
socialistisch (bn)	socialist	['səʊʃəlɪst]
communisme (het)	communism	['kɒmjʊnɪzəm]
communistisch (bn)	communist	['kɒmjʊnɪst]
communist (de)	communist	['kɒmjʊnɪst]
democratie (de)	democracy	[dɪ'mɒkrəsɪ]
democraat (de)	democrat	['deməkræt]
democratisch (bn)	democratic	[ˌdemə'krætɪk]
democratische partij (de)	Democratic party	[ˌdemə'krætɪk 'pɑːtɪ]
liberaal (de)	liberal	['lɪbərəl]
liberaal (bn)	liberal	['lɪbərəl]
conservator (de)	conservative	[kən'sɜːvətɪv]
conservatief (bn)	conservative	[kən'sɜːvətɪv]
republiek (de)	republic	[rɪ'pʌblɪk]
republikein (de)	republican	[rɪ'pʌblɪkən]
Republikeinse Partij (de)	Republican party	[rɪ'pʌblɪkən 'pɑːtɪ]
verkiezing (de)	poll, elections	[pəʊl], [ɪ'lekʃənz]
kiezen (ww)	to elect (vt)	[tə ɪ'lekt]
kiezer (de)	elector, voter	[ɪ'lektə(r)], ['vəʊtə(r)]

verkiezingscampagne (de)	election campaign	[ɪ'lekʃən kæm'peɪn]
stemming (de)	voting	['vəʊtɪŋ]
stemmen (ww)	to vote (vi)	[tə vəʊt]
stemrecht (het)	right to vote	['raɪt tə ˌvəʊt]

kandidaat (de)	candidate	['kændɪdət]
zich kandideren	to be a candidate	[tə bi ə 'kændɪdət]
campagne (de)	campaign	[kæm'peɪn]

| oppositie- (abn) | opposition | [ˌɒpə'zɪʃən] |
| oppositie (de) | opposition | [ˌɒpə'zɪʃən] |

bezoek (het)	visit	['vɪzɪt]
officieel bezoek (het)	official visit	[ə'fɪʃəl 'vɪzɪt]
internationaal (bn)	international	[ˌɪntə'næʃənəl]

| onderhandelingen (mv.) | negotiations | [nɪˌɡəʊʃɪ'eɪʃənz] |
| onderhandelen (ww) | to negotiate (vi) | [tə nɪ'ɡəʊʃɪeɪt] |

193. Politiek. Overheid. Deel 2

maatschappij (de)	society	[sə'saɪətɪ]
grondwet (de)	constitution	[ˌkɒnstɪ'tjuːʃən]
macht (politieke ~)	power	['paʊə(r)]
corruptie (de)	corruption	[kə'rʌpʃən]

| wet (de) | law | [lɔ:] |
| wettelijk (bn) | legal | ['li:ɡəl] |

| rechtvaardigheid (de) | justice | ['dʒʌstɪs] |
| rechtvaardig (bn) | just, fair | [dʒʌst], [feə(r)] |

comité (het)	committee	[kə'mɪtɪ]
wetsvoorstel (het)	bill	[bɪl]
begroting (de)	budget	['bʌdʒɪt]
beleid (het)	policy	['pɒləsɪ]
hervorming (de)	reform	[rɪ'fɔ:m]
radicaal (bn)	radical	['rædɪkəl]

macht (vermogen)	power	['paʊə(r)]
machtig (bn)	powerful	['paʊəfʊl]
aanhanger (de)	supporter	[sə'pɔ:tə(r)]
invloed (de)	influence	['ɪnfluəns]

regime (het)	regime	[reɪ'ʒi:m]
conflict (het)	conflict	['kɒnflɪkt]
samenzwering (de)	conspiracy	[kən'spɪrəsɪ]
provocatie (de)	provocation	[ˌprɒvə'keɪʃən]

omverwerpen (ww)	to overthrow (vt)	[tə ˌəʊvə'θrəʊ]
omverwerping (de)	overthrow	['əʊvəθrəʊ]
revolutie (de)	revolution	[ˌrevə'lu:ʃən]
staatsgreep (de)	coup d'état	[ˌku: deɪ'ta:]
militaire coup (de)	military coup	['mɪlɪtərɪ ku:]

crisis (de)	crisis	['kraɪsɪs]
economische recessie (de)	economic recession	[ˌiːkə'nɒmɪk rɪ'seʃən]
betoger (de)	demonstrator	['demən‚streɪtə(r)]
betoging (de)	demonstration	[‚demən'streɪʃən]
krijgswet (de)	martial law	['mɑːʃəl lɔː]
militaire basis (de)	military base	['mɪlɪtəri beɪs]

stabiliteit (de)	stability	[stə'bɪlətɪ]
stabiel (bn)	stable	['steɪbəl]

uitbuiting (de)	exploitation	[‚eksplɔɪ'teɪʃən]
uitbuiten (ww)	to exploit (vt)	[tə ɪk'splɔɪt]

racisme (het)	racism	['reɪsɪzəm]
racist (de)	racist	['reɪsɪst]
fascisme (het)	fascism	['fæʃɪzəm]
fascist (de)	fascist	['fæʃɪst]

194. Landen. Diversen

vreemdeling (de)	foreigner	['fɒrənə(r)]
buitenlands (bn)	foreign	['fɒrən]
in het buitenland (bw)	abroad	[ə'brɔːd]

emigrant (de)	emigrant	['emɪgrənt]
emigratie (de)	emigration	[‚emɪ'greɪʃən]
emigreren (ww)	to emigrate (vi)	[tə 'emɪgreɪt]

Westen (het)	the West	[ðə west]
Oosten (het)	the East	[ði iːst]
Verre Oosten (het)	the Far East	[ðə 'fɑːriːst]

beschaving (de)	civilization	[‚sɪvɪlaɪ'zeɪʃən]
mensheid (de)	humanity	[hjuː'mænətɪ]
wereld (de)	world	[wɜːld]
vrede (de)	peace	[piːs]
wereld- (abn)	worldwide	['wɜːldwaɪd]

vaderland (het)	homeland	['həʊmlænd]
volk (het)	people	['piːpəl]
bevolking (de)	population	[‚pɒpjʊ'leɪʃən]
mensen (mv.)	people	['piːpəl]
natie (de)	nation	['neɪʃən]
generatie (de)	generation	[dʒenə'reɪʃən]

gebied (bijv. bezette ~en)	territory	['terətrɪ]
regio, streek (de)	region	['riːdʒən]
deelstaat (de)	state	[steɪt]

traditie (de)	tradition	[trə'dɪʃən]
gewoonte (de)	custom	['kʌstəm]
ecologie (de)	ecology	[ɪ'kɒlədʒɪ]
Indiaan (de)	Indian	['ɪndɪən]
zigeuner (de)	Gipsy	['dʒɪpsɪ]

| zigeunerin (de) | Gipsy | ['dʒɪpsɪ] |
| zigeuner- (abn) | Gipsy | ['dʒɪpsɪ] |

rijk (het)	empire	['empaɪə(r)]
kolonie (de)	colony	['kɒlənɪ]
slavernij (de)	slavery	['sleɪvərɪ]
invasie (de)	invasion	[ɪn'veɪʒən]
hongersnood (de)	famine	['fæmɪn]

195. Grote religieuze groepen. Bekentenissen

| religie (de) | religion | [rɪ'lɪdʒən] |
| religieus (bn) | religious | [rɪ'lɪdʒəs] |

geloof (het)	belief	[bɪ'li:f]
geloven (ww)	to believe (vi)	[tə bɪ'li:v]
gelovige (de)	believer	[bɪ'li:və(r)]

| atheïsme (het) | atheism | ['eɪθɪɪzəm] |
| atheïst (de) | atheist | ['eɪθɪɪst] |

christendom (het)	Christianity	[ˌkrɪstɪ'ænətɪ]
christen (de)	Christian	['krɪstʃən]
christelijk (bn)	Christian	['krɪstʃən]

katholicisme (het)	Catholicism	[kə'θɒlɪsɪzəm]
katholiek (de)	Catholic	['kæθlɪk]
katholiek (bn)	Catholic	['kæθlɪk]

protestantisme (het)	Protestantism	['prɒtɪstənˌtɪzəm]
Protestante Kerk (de)	Protestant Church	['prɒtɪstənt tʃɜ:tʃ]
protestant (de)	Protestant	['prɒtɪstənt]

orthodoxie (de)	Orthodoxy	['ɔ:θədɒksɪ]
Orthodoxe Kerk (de)	Orthodox Church	['ɔ:θədɒks tʃɜ:tʃ]
orthodox	Orthodox	['ɔ:θədɒks]

presbyterianisme (het)	Presbyterianism	[ˌprezbɪ'tɪərɪənɪzəm]
Presbyteriaanse Kerk (de)	Presbyterian Church	[ˌprezbɪ'tɪərɪən tʃɜ:tʃ]
presbyteriaan (de)	Presbyterian	[ˌprezbɪ'tɪərɪən]

| lutheranisme (het) | Lutheranism | ['lu:θərənɪzəm] |
| lutheraan (de) | Lutheran | ['lu:θərən] |

| baptisme (het) | Baptist Church | ['bæptɪst tʃɜ:tʃ] |
| baptist (de) | Baptist | ['bæptɪst] |

Anglicaanse Kerk (de)	Anglican Church	['æŋglɪkən tʃɜ:tʃ]
anglicaan (de)	Anglican	['æŋglɪkən]
mormonisme (het)	Mormonism	['mɔ:mənɪzəm]
mormoon (de)	Mormon	['mɔ:mən]
Jodendom (het)	Judaism	['dʒu:deɪˌɪzəm]
jood (aanhanger van het Jodendom)	Jew	[dʒu:]

| boeddhisme (het) | Buddhism | [ˈbʊdɪzəm] |
| boeddhist (de) | Buddhist | [ˈbʊdɪst] |

| hindoeïsme (het) | Hinduism | [ˈhɪnduːɪzəm] |
| hindoe (de) | Hindu | [ˈhɪnduː] |

islam (de)	Islam	[ˈɪzlɑːm]
islamiet (de)	Muslim	[ˈmʊzlɪm]
islamitisch (bn)	Muslim	[ˈmʊzlɪm]

sjiisme (het)	Shiah Islam	[ˈʃiːə ˈɪzlɑːm]
sjiiet (de)	Shiite	[ˈʃiːaɪt]
soennisme (het)	Sunni Islam	[ˈsʌnɪ ˈɪzlɑːm]
soenniet (de)	Sunnite	[ˈsʌnaɪt]

196. Religies. Priesters

| priester (de) | priest | [priːst] |
| paus (de) | the Pope | [ðə pəʊp] |

monnik (de)	monk, friar	[mʌŋk], [ˈfraɪə(r)]
non (de)	nun	[nʌn]
pastoor (de)	pastor	[ˈpɑːstə(r)]

abt (de)	abbot	[ˈæbət]
vicaris (de)	vicar	[ˈvɪkə(r)]
bisschop (de)	bishop	[ˈbɪʃəp]
kardinaal (de)	cardinal	[ˈkɑːdɪnəl]

predikant (de)	preacher	[ˈpriːtʃə(r)]
preek (de)	preaching	[ˈpriːtʃɪŋ]
kerkgangers (mv.)	parishioners	[pəˈrɪʃənəz]

| gelovige (de) | believer | [bɪˈliːvə(r)] |
| atheïst (de) | atheist | [ˈeɪθɪɪst] |

197. Geloof. Christendom. Islam

| Adam | Adam | [ˈædəm] |
| Eva | Eve | [iːv] |

God (de)	God	[gɒd]
Heer (de)	the Lord	[ðə lɔːd]
Almachtige (de)	the Almighty	[ði ɔːlˈmaɪtɪ]

zonde (de)	sin	[sɪn]
zondigen (ww)	to sin (vi)	[tə sɪn]
zondaar (de)	sinner	[ˈsɪnə(r)]
zondares (de)	sinner	[ˈsɪnə(r)]

| hel (de) | hell | [hel] |
| paradijs (het) | paradise | [ˈpærədaɪs] |

Jezus	Jesus	[ˈdʒiːzəs]
Jezus Christus	Jesus Christ	[ˈdʒiːzəs kraɪst]

Heilige Geest (de)	the Holy Spirit	[ðə ˈhəʊlɪ ˈspɪrɪt]
Verlosser (de)	the Savior	[ðə ˈseɪvjə(r)]
Maagd Maria (de)	the Virgin Mary	[ðə ˈvɜːdʒɪn ˈmeərɪ]

duivel (de)	the Devil	[ðə ˈdevəl]
duivels (bn)	devil's	[ˈdevəlz]
Satan	Satan	[ˈseɪtən]
satanisch (bn)	satanic	[səˈtænɪk]

engel (de)	angel	[ˈeɪndʒəl]
beschermengel (de)	guardian angel	[ˈgɑːdjən ˈeɪndʒəl]
engelachtig (bn)	angelic	[ænˈdʒelɪk]

apostel (de)	apostle	[əˈpɒsəl]
aartsengel (de)	archangel	[ˈɑːkˌeɪndʒəl]
antichrist (de)	the Antichrist	[ðɪ ˈæntɪˌkraɪst]

Kerk (de)	Church	[tʃɜːtʃ]
bijbel (de)	Bible	[ˈbaɪbəl]
bijbels (bn)	biblical	[ˈbɪblɪkəl]

Oude Testament (het)	Old Testament	[əʊld ˈtestəmənt]
Nieuwe Testament (het)	New Testament	[njuː ˈtestəmənt]
evangelie (het)	Gospel	[ˈgɒspəl]
Heilige Schrift (de)	Holy Scripture	[ˈhəʊlɪ ˈskrɪptʃə(r)]
Hemel, Hemelrijk (de)	heaven	[ˈhevən]

gebod (het)	Commandment	[kəˈmɑːndmənt]
profeet (de)	prophet	[ˈprɒfɪt]
profetie (de)	prophecy	[ˈprɒfɪsɪ]

Allah	Allah	[ˈælə]
Mohammed	Mohammed	[məˈhæmɪd]
Koran (de)	the Koran	[ðə kəˈrɑːn]

moskee (de)	mosque	[mɒsk]
moellah (de)	mullah	[ˈmʌlə]
gebed (het)	prayer	[preə(r)]
bidden (ww)	to pray (vi, vt)	[tə preɪ]

pelgrimstocht (de)	pilgrimage	[ˈpɪlgrɪmɪdʒ]
pelgrim (de)	pilgrim	[ˈpɪlgrɪm]
Mekka	Mecca	[ˈmekə]

kerk (de)	church	[tʃɜːtʃ]
tempel (de)	temple	[ˈtempəl]
kathedraal (de)	cathedral	[kəˈθiːdrəl]
gotisch (bn)	Gothic	[ˈgɒθɪk]
synagoge (de)	synagogue	[ˈsɪnəgɒg]
moskee (de)	mosque	[mɒsk]

kapel (de)	chapel	[ˈtʃæpəl]
abdij (de)	abbey	[ˈæbɪ]

| nonnenklooster (het) | convent | ['kɒnvənt] |
| mannenklooster (het) | monastery | ['mɒnəstərɪ] |

klok (de)	bell	[bel]
klokkentoren (de)	bell tower	[bel 'taʊə(r)]
luiden (klokken)	to ring (vi)	[tə rɪŋ]

kruis (het)	cross	[krɒs]
koepel (de)	cupola	['kjuːpələ]
icoon (de)	icon	['aɪkɒn]

ziel (de)	soul	[səʊl]
lot, noodlot (het)	fate	[feɪt]
kwaad (het)	evil	['iːvəl]
goed (het)	good	[gʊd]

vampier (de)	vampire	['væmpaɪə(r)]
heks (de)	witch	[wɪtʃ]
demoon (de)	demon	['diːmən]
duivel (de)	devil	['devəl]
geest (de)	spirit	['spɪrɪt]

| verzoeningsleer (de) | redemption | [rɪ'dempʃən] |
| vrijkopen (ww) | to redeem (vt) | [tə rɪ'diːm] |

mis (de)	church service, mass	[tʃɜːtʃ 'sɜːvɪs], [mæs]
de mis opdragen	to say mass	[tə seɪ mæs]
biecht (de)	confession	[kən'feʃən]
biechten (ww)	to confess (vi)	[tə kən'fes]

heilige (de)	saint	[seɪnt]
heilig (bn)	sacred	['seɪkrɪd]
wijwater (het)	holy water	['həʊlɪ 'wɔːtə(r)]

ritueel (het)	ritual	['rɪtʃʊəl]
ritueel (bn)	ritual	['rɪtʃʊəl]
offerande (de)	sacrifice	['sækrɪfaɪs]

bijgeloof (het)	superstition	[ˌsuːpə'stɪʃən]
bijgelovig (bn)	superstitious	[ˌsuːpə'stɪʃəs]
hiernamaals (het)	afterlife	['ɑːftəlaɪf]
eeuwige leven (het)	eternal life	[ɪ'tɜːnəl laɪf]

DIVERSEN

198. Diverse nuttige woorden

achtergrond (de)	**background**	['bækgraʊnd]
balans (de)	**balance**	['bæləns]
basis (de)	**base**	[beɪs]
begin (het)	**beginning**	[bɪ'gɪnɪŋ]
beurt (wie is aan de ~?)	**turn**	[tɜːn]
categorie (de)	**category**	['kætəgərɪ]
comfortabel (~ bed, enz.)	**comfortable**	['kʌmfətəbəl]
compensatie (de)	**compensation**	[ˌkɒmpen'seɪʃən]
deel (gedeelte)	**part**	[pɑːt]
deeltje (het)	**particle**	['pɑːtɪkəl]
ding (object, voorwerp)	**thing**	[θɪŋ]
dringend (bn, urgent)	**urgent**	['ɜːdʒənt]
dringend (bw, met spoed)	**urgently**	['ɜːdʒəntlɪ]
effect (het)	**effect**	[ɪ'fekt]
eigenschap (kwaliteit)	**property, quality**	['prɒpətɪ], ['kwɒlɪtɪ]
einde (het)	**end**	[end]
element (het)	**element**	['elɪmənt]
feit (het)	**fact**	[fækt]
fout (de)	**mistake**	[mɪ'steɪk]
geheim (het)	**secret**	['siːkrɪt]
graad (mate)	**degree**	[dɪ'griː]
groei (ontwikkeling)	**growth**	[grəʊθ]
hindernis (de)	**barrier**	['bærɪə(r)]
hinderpaal (de)	**obstacle**	['ɒbstəkəl]
hulp (de)	**help**	[help]
ideaal (het)	**ideal**	[aɪ'dɪəl]
inspanning (de)	**effort**	['efət]
keuze (een grote ~)	**choice**	[tʃɔɪs]
labyrint (het)	**labyrinth**	['læbərɪnθ]
manier (de)	**way**	[weɪ]
moment (het)	**moment**	['məʊmənt]
nut (bruikbaarheid)	**utility**	[juː'tɪlətɪ]
onderscheid (het)	**difference**	['dɪfrəns]
ontwikkeling (de)	**development**	[dɪ'veləpmənt]
oplossing (de)	**solution**	[sə'luːʃən]
origineel (het)	**original**	[ɒ'rɪdʒɪnəl]
pauze (de)	**pause**	[pɔːz]
positie (de)	**position**	[pə'zɪʃən]
principe (het)	**principle**	['prɪnsɪpəl]

probleem (het)	**problem**	['prɒbləm]
proces (het)	**process**	['prəʊses]
reactie (de)	**reaction**	[rɪ'ækʃən]

reden (om ~ van)	**cause**	[kɔːz]
risico (het)	**risk**	[rɪsk]
samenvallen (het)	**coincidence**	[kəʊ'ɪnsɪdəns]
serie (de)	**series**	['sɪəriːz]

situatie (de)	**situation**	[ˌsɪtjʊ'eɪʃən]
soort (bijv. ~ sport)	**kind**	[kaɪnd]
standaard (bn)	**standard**	['stændəd]
standaard (de)	**standard**	['stændəd]
stijl (de)	**style**	[staɪl]

stop (korte onderbreking)	**stop, pause**	[stɒp], [pɔːz]
systeem (het)	**system**	['sɪstəm]
tabel (bijv. ~ van Mendelejev)	**table, chart**	['teɪbəl], [tʃɑːt]
tempo (langzaam ~)	**tempo, rate**	['tempəʊ], [reɪt]
term (medische ~en)	**term**	[tɜːm]

type (soort)	**type**	[taɪp]
variant (de)	**variant**	['veərɪənt]
veelvuldig (bn)	**frequent**	['friːkwənt]
vergelijking (de)	**comparison**	[kəm'pærɪsən]
voorbeeld (het goede ~)	**example**	[ɪg'zɑːmpəl]

voortgang (de)	**progress**	['prəʊgres]
voorwerp (ding)	**object**	['ɒbdʒɪkt]
vorm (uiterlijke ~)	**shape**	[ʃeɪp]
waarheid (de)	**truth**	[truːθ]
zone (de)	**zone**	[zəʊn]